U0118489

唯一敢**公開當沖交割單**的天才操盤手

股市提款機

今天您想領多少？

5年150倍
操盤手法大公開

陳信宏
（當沖贏家）

股市沒有專家　只有贏家與輸家

贏家增修版

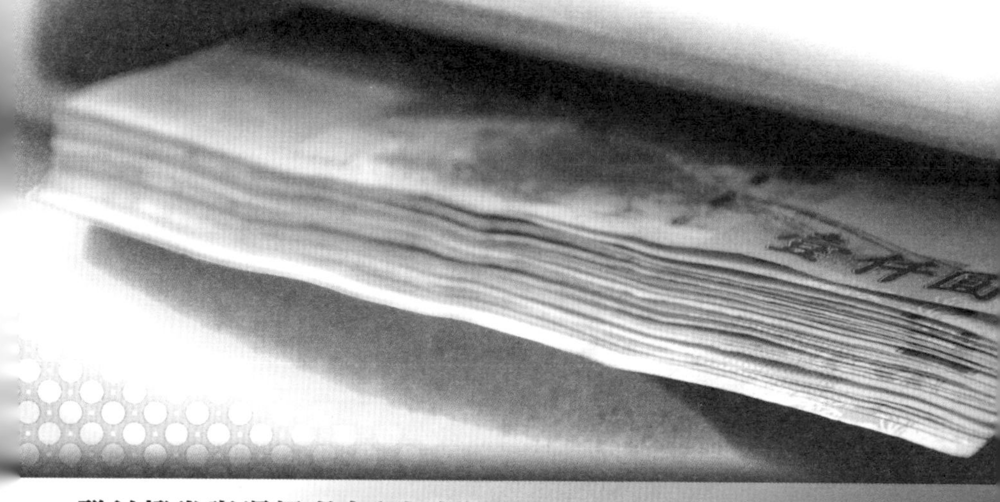

力
薦

群益證券資深經理人／余曉梅
兆豐證券資深經理人／姚嘉派
兆豐證券業務副總經理／施壬琴
凱基證券業務副總經理／俞全福

隨書附贈
聚財點數100點
優立購100元折價券

強力推薦

余曉梅 / 群益證券資深經理人

這是台灣第一本以當沖為主並附有對帳單的書籍，只要熟悉書中贏家的思維，並且具備耐心、紀律等特質，相信成為贏家並非難事，在此鄭重推薦之。

姚嘉派 / 兆豐證券資深經理人

個人投入證券工作逾20年，經歷營業員與經營管理職務，接觸過許許多多的投資人，深覺能歷經股市多空洗禮、創造財富成為贏家者，都有一個共通的特質，那就是找到符合個人投資性格的方法，然後忠實有紀律的執行，這種看似簡單的道理，卻是贏家與輸家的分野。

作者畢業於大學財金科系，從學生時代即投身股市，在多年的摸索實戰中記錄其操作得失，經由不斷的驗證與修訂，終於建構了一系列的理念與思維，並將其集結成冊，同時列舉了實戰盈虧，不同於坊間流於紙上談兵的股市書籍，可謂創舉。

作者於書中述及大家耳熟能詳的投資觀念，如反市場操作、以主力的心態思考、便宜莫貪、風險控管……等，似曾相識卻論述新穎，同時對行之有年的技術分析與流行於媒體的專家名嘴提出看法，尤見顛覆式的反思，令人印象深刻；最引人入勝的是，作者針對「當日沖銷」呈現了完整的理念與自己的操作手法，貫徹了見好就收、戒之在貪的鐵律，不僅易懂且簡單可行，更見大膽與創新。因此本書可說是一本觀念傳遞的書，也是一本現學實用的股市寶典。

值此全球金融大海嘯的襲擊，如何重新定位再出發是每個投資人迫切要思考的課題，投入股市的過程其實就是學習的過程，本書作者記錄其在股市的操作歷程，冀望讀者能有所體悟，故樂為之序。

施壬琴 / 兆豐證券業務副總經理

股市贏家陳信宏先生，透過本書將他多年實戰經驗與操作思維和讀者分享，深具啟發性，值得一讀再讀，在此鄭重推薦給對股市當沖有興趣的讀者們。

俞全福 / 凱基證券業務副總經理

當沖贏家不藏私，再次分享他「贏的方法」。這幾年來，股票市場特性一直在變，不變的是，作者的穩定獲利，他總是能夠洞悉新特性的改變，獲取豐厚利潤。

序

實現財富自由的夢想

本書的第一版寫於四年前，意外的是承蒙讀者朋友的厚愛，因歷年來的多刷導致版型模糊，出版社決定重新製版，筆者遂趁著這次機會，對於內容再稍作修訂一番。

回想四年前寫作這本書時，筆者才剛新婚燕爾，現在已是兩個孩子的父親了，如今再重新回頭看這本書，心裡面有許多的感觸。

也因為出版了這本書，筆者這幾年從自己家中的操盤室走了出來，有幸接觸到許多業內的投資佼佼者，認識許多的朋友，也開啟新的視野，並從中學習到不同的投資方法，投資領域也從單純的股票橫跨到可轉換公司債與GDR的套利等。

十幾年的股市生涯中，看過太多大戶之大起大落，因此在這市場待得越久，我反而越敬畏這個市場，深怕一次的失手而萬劫不復。畢竟在股市裡，不管你贏了多少，只要你一天還沒離開股市，那就不算贏！

所以這幾年我一直有個夢想，當我累積足夠的財富後，我就要離開股市。我並不想做個錢奴，終日為了賺取更多的金錢而交易，在財富自由後本就該好好享受未來的人生，做自己喜歡的事。

2012年下半年，從事情趣用品批發的李董正好想退休移民，因捨不得放棄幾十年打拼累積下來的事業，而我正好也想投資個副業，所以就給它接下來了。

對於我這個從沒上過班的人來說，當老闆似乎是不錯的職業。適逢這個機會，我終於可以完成我的夢想，在財富自由的同時，下定決心正式的退休離開股市，享受生活之餘，也體驗一下為自己的事業打拼的感覺。

藉由這次改版，把這幾年在交易市場的領悟與學習到的一些想法心得融入其中，希望能帶給大家不同的體會。目前我正在準備最後一本書的寫作，內容的精彩度一樣不容小覷，屆時再請各位讀者朋友多多支持。本書末頁另附有敝公司網站的名片與相關優惠訊息，希望各位讀者們閒暇之餘能夠前往參觀，並不吝給予意見，謝謝！

陳信宏

2012/10/10

目錄

壹、別再相信專家的話

許多散戶看了一些股票書籍後，爭先恐後地進來這個市場，一批陣亡後又有下一批，既然在市場裡賠錢的人那麼多，為什麼還有這麼多人前仆後繼的進來呢？有一大半因素是所謂的專家給了他們一個夢，讓他們相信，憑著專家所傳授的技術分析或方法，便能在市場上致富。

如果專家們是賺錢的，為什麼還要辛苦上班或是帶領會員呢？好好在家操作股票不是很輕鬆嗎？

在這市場裡，能言善道的專家很多，但若要他們實際操作，卻沒幾人能賺到錢，所以他們主要的收入來源多是出書、演講、收會員……等，而不是從股市中獲利。

專家都喜歡講「不要追高殺低」、「別跟趨勢作對」，這些言論聽起來很有道理，實際上卻是廢話。人人都知道不要追高殺低，但要如何操作才不致追高殺低？別跟趨勢作對大家也都懂，重要的是要如何判斷現在是空頭或多頭吧！

筆者盡量以自己的實戰經驗舉例，畢竟事後諸葛人人會講，但實際操作又是另一回事，也希望這些經歷能讓讀者有更深刻的體悟。

這幾年來，筆者在股市的獲利主要來自短線交易，長則數天，短則幾分鐘，都算是短線交易的範圍，因此本書主要以短線交易為範例，但這並不表示此書對波段投資人或長線投資人沒有任何幫助，畢竟任何投資人最基本的就是買或賣，而本書的主要論點就是教你如何買在相對低點、賣在相對高點。

貳、股市的成功之道：反市場操作

≫初入股市

筆者在1999年3月第一次踏入台灣股市，當時還只是個大一的學生，因為讀的是財金系，所以父母給了20萬元的資金，讓我學以致用嘗試股市投資。20萬元對當時18、19歲的我來講是一筆很大的數目，所以很珍惜這筆父母辛苦賺來的資金，也就更努力的勤跑圖書館和書局，鑽研各種技術分析，希望能找到戰無不克的武功祕法，在股市中一夕致富。

當時台股剛好安然度過亞洲金融風暴，指數開始從最低點5422走向多頭市場，筆者也照著書上所教的在市場中殺進殺出，從1999年3月的六千多點到2000年4月的萬點，總結下來卻只是小賺；也因此更努力的鑽研技術分析，看了許許多多的書籍，希望能更加了解股市，賺更多的財富。

≫空頭來臨

不幸的是，台股加權指數從2000年4月的10328最高點開始走大空頭，亦即有名的2000年網路泡沫大崩盤，筆者靠著自修所學的技術分析一路衝進殺出，到了2001年總資本卻只剩下3萬元，不僅把賺來的吐回去，還啃蝕老本，讓我萬念俱灰，決心從此退出股市，好好半工半讀，過一般大學生該過的生活。

常聽人說股票就像吸毒一樣，會使人上癮，這句話是對的，那段期間我雖然已經沒有在買賣股票了，還是會忍不住想看盤。

過沒多久，發生了911恐怖攻擊事件，在這之前，股票市場已經極不被看好了，事件發生後，當時的媒體紛紛報導：「美國雙子星大樓死了好幾千人，都是金融界菁英中的菁英，……，將會讓美國經濟倒退十年，之後將隨時發生反恐戰爭或更多的恐怖攻擊，人們將長期生活在恐怖攻擊的陰影下……。」等一連串的負面消息。

巧的是，大盤在當時卻是在底部區，台灣股市也就從那時的三千多點一路漲到2008年。

對於這個現象，我感到非常好奇，難道反市場心理才是股市致勝的真正關鍵嗎？

於是我開始比對過去幾年的交割單，假如不算手續費和證交稅，我在股票市場是賺還是賠呢？計算的總結是賠的，而且還賠不少。

因此我開始試著與自己對作，當我想出手買股票的時候，就咬著牙去作空；當我覺得會跌時，就逆向買進股票。當時也不知道如何判斷買賣點，只是很單純的跟自己對作，神奇的是，這樣漸漸有了獲利，到了2003年，自己手頭上已經有40萬元。

2003年剛好是SARS期間，只要打開電視就是關於SARS的疫情報導，搞得人心惶惶。當時的台股四千多點，大家都覺得台股將下探至三千點以下，而我的直覺反應也是這麼認為。

這時我一直在思考一個問題，**既然大家都這麼害怕，但這個時候卻有成交量，代表有人買也有人賣，買的人是誰呢？同時另**

一個現象是，美國股市悄悄的突破波段高點了。

於是我硬著頭皮用融資在9元左右買進100張華映(2475)，兩個月後在16塊多出清持股，淨賺70萬元。

我並不是鼓勵大家使用融資來操作股票，相反的，以我現在的心態，我是特別反對的。

這次是在大家最恐慌的時候買進股票，結果卻大賺一筆，也才終於讓我嚐到賺錢的滋味，並且對「散戶永遠是輸家」這句話更有信心，開始朝著反市場的方向研究，主要以波段操作為主，資金也開始倍數成長，沒多久就累積到一千萬。

我很慶幸當自己的財富累積到一定程度後，膽子就越來越小，為了規避大額的損失，操作也越來越短，從原本的波段操作慢慢縮短時間，到隔日沖或當沖等短線交易。

再怎麼厲害的人，總有看錯的時候，如果靠著錢滾錢，不斷將資金投入股市，雖然錢賺得很快，但只要失手一次，辛苦幾年的獲利將可能完全被吞噬。

近幾年來，雖然我短線交易的獲利無法使資金倍數成長，但平均每個月都有40萬左右的獲利，這種穩健的獲利才是我想要的。

靠著反市場操作再加上運氣，我在股票市場的獲利已經超過三千萬了，**所以真正的投資方法是不需要太多的技術分析或複雜的理論，只要秉持著反市場操作的心法和正確的投資觀念，人人都將成為股票市場的贏家。**

SARS期間大盤週線圖

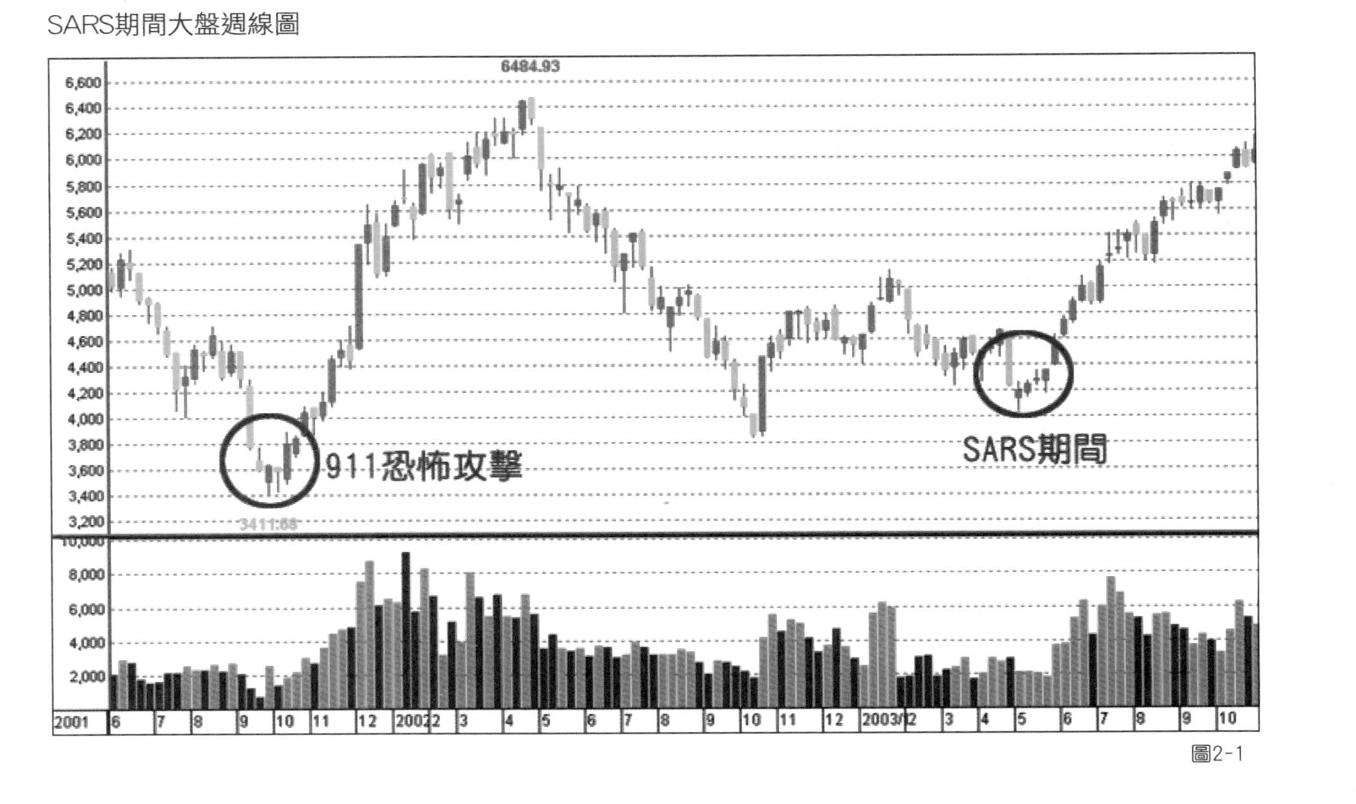

圖2-1

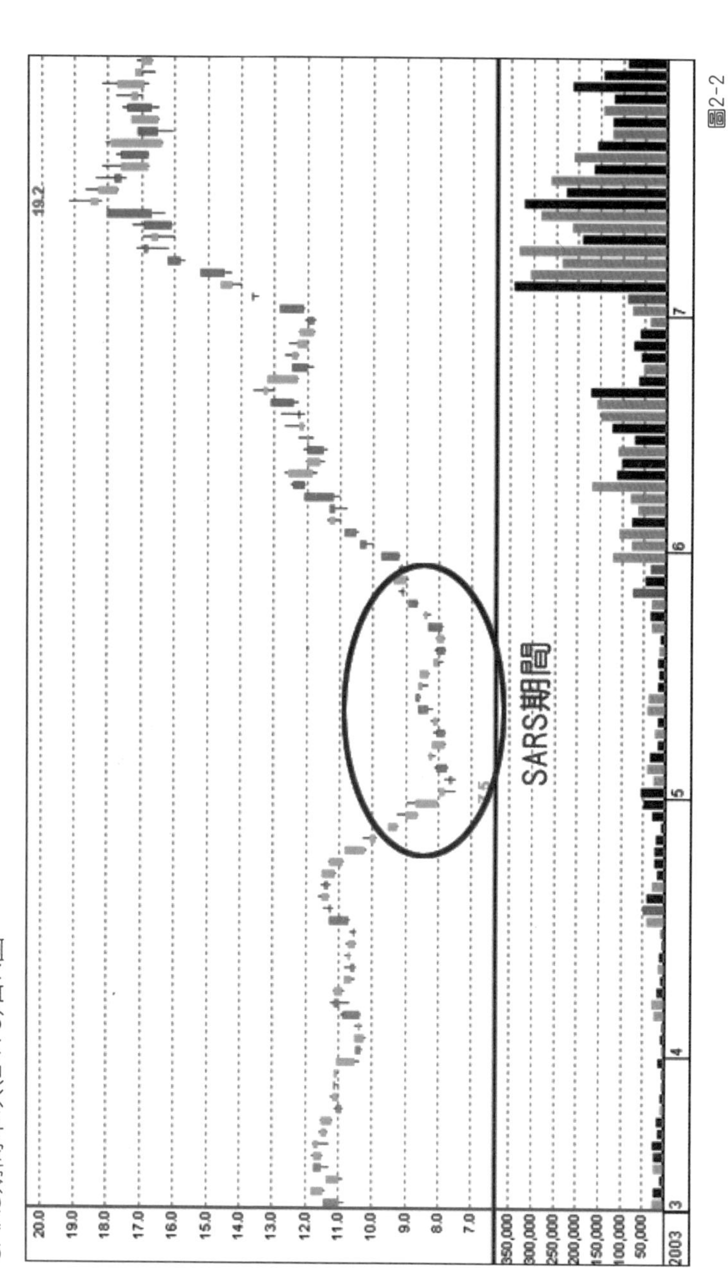

SARS期間華映(2475)日K圖

圖2-2

當大家瘋狂的時候，通常就代表行情即將反轉，這句話不僅現在適用，在幾百年前也是一樣的，以下我簡單介紹一個歷史上有名的泡沫，相信會讓讀者對反市場心理有更深刻的體悟。

荷蘭鬱金香泡沫

大家都知道，鬱金香是荷蘭的國花，但在歷史上，鬱金香卻曾為荷蘭帶來一場嚴重的經濟災難。鬱金香原產於小亞細亞，在1593年傳入荷蘭，17世紀前半期，由於鬱金香剛被引種到歐洲，數量較為稀有，因此價格非常昂貴，當時法國許多有錢人家裡都會擺設鬱金香，不僅作為觀賞之用，並且也如同奢侈品一般向外人炫耀。

之後鬱金香開始在荷蘭流傳，一些敏感的投機商開始大量囤積鬱金香球莖，等待價格上漲；而在輿論的鼓吹之下，人們對鬱金香也出現病態的追求，競相搶購鬱金香球莖。1634年，炒買鬱金香的熱潮成為荷蘭的全民運動，當時500美元一顆的鬱金香球莖，不到一個月就升值了數十倍；到了1636年，一株稀有品種的鬱金香竟然與幾匹馬等值。面對如此暴利，所有人都沖昏了頭，許多人變賣家產就只為了購買一株鬱金香，大家都相信購買鬱金香是穩賺不賠的交易，它的熱潮也將永遠持續下去。到了1637年，鬱金香的價格已經漲到不可思議的境界，與1636年相比，其漲幅高達5000%，據說在1637年2月，有一株名為「永遠的奧古斯都」的鬱金香，售價足以買下一幢豪宅。

當人們沉浸在鬱金香的狂熱中時，一場大災難已經近在眼前。由於賣方突然大量拋售，恐慌開始蔓延，鬱金香市場也因而崩潰了。鬱金香球莖的價格在一夕之間一瀉千里，短短一個星期內下跌了90%；到了1937年5月，荷蘭政府決定終止所有合同，禁止投機式的鬱金香交易，這才徹底擊破了歷史上空前的經濟泡沫。

鬱金香事件不僅嚴重打擊了舉世聞名的阿姆斯特丹交易所，更使荷蘭的經濟陷入混亂，讓這個曾經繁榮一時的經濟強國，開始走向衰落。從17世紀中葉開始，荷蘭在歐洲的地位逐漸被對岸的英國取代，而「鬱金香現象」則成為世界經濟發展史上一個著名的名詞。

歷史總是重複的出現，在股市中更是屢見不鮮，只是投資人都是善忘的，每次都會覺得或許跟上次不一樣，因而再一次受到傷害，就如同2000年的網路泡沫，股民炒作的主題竟是「本夢比」！人們永遠無法從歷史上學到教訓，所以在股市裡，**散戶永遠是輸家，只要跟散戶對作，就能賺錢**。不論任何人，如果其操作模式是沒有科學根據的技術分析，或是尚未跳脫散戶的思維，筆者直言，長期下來一定是輸家。

別跟著群眾走

2008年5月20日馬總統就職後，應該有很多人發現，行情總是在投資人信心最強的時候慢慢結束。

記得幾年前我去逛夜市，經過一個喊價拍賣的攤位，拍賣的東西五花八門，有音響、手錶、古董、玩具……等，主持人介紹了一個珍貴古董玉珮，以50元開始拍賣，拍賣的規則是只要有人出價，不論有沒有成交，都送一隻小公仔。

一開始並沒有人出價，大家都半信半疑，懷疑主持人真的會送獎品嗎？也懷疑這個玉珮的真假。後來有人開始出價，並且也真的得到小公仔，於是陸續有人跟著出價，此時的價格已經喊到四、五百元了，如果是假的玉珮，這時賣出也賺了不少錢，但主持人卻一直喊著玉珮成色好、成本至少要幾萬元等等，依舊不肯賣。

一開始，大家都怕喊出價格之後，後面沒人接手，自己就得買下來，但聽到老闆的話，加上收到娃娃的人越來越多，喊價也就一路增加。現場的氣氛越來越熱鬧，喊價的人也越來越踴躍，大家都覺得只要出手就有娃娃拿，當喊價到了三、四千元，許多人認為離目標價幾萬元還很遠、越喊膽子越大時，主持人突然說：「因為娃娃已經送完，所以願意賠本將珍貴的玉珮賣出去。」這時就看到最後一位喊價的人手裡拿著幾隻小公仔，臉色卻非常的難看。

股市何嘗不是如此，散戶就如同旁邊貪拿公仔的群眾，而主持人就如同主力作手，總是不斷對群眾放出好消息，亦即所謂的養、套、殺。

剛開始，散戶總是半信半疑，股票卻是一路上漲，等自己開始投入小額資金，並在股市拿到公仔後，膽子就越來越大，投入的資金也越來越多，但在消息最好、信心最強的時候，行情卻因此急轉直下。

以下是筆者過去的當沖例子：

2007年12月28日，當天早上10點將要宣布馬英九特別費案是否起訴，對於全國的投資朋友來說，這是一件很重大的事，大家認為如果馬被起訴，對台股將是很大的利空；如果特別費沒事過關，則將是一大利多。

在這個情況下，一般人的操作方法會是什麼呢？當然是等確定沒事後，再趕快加入搶股票一族，所以許多人都守著電視，等待公布的那一刻。

如果讀者看到這裡，而且也是這種想法，那我認為你或許不適合做股票，或者你也不用再看下去了。在股票市場裡，當大家的想法都一樣時，跟著大家的想法去做同樣的事，就我認為，是一件危險又愚蠢的行為，畢竟大部分的投資人都是輸家，不是嗎？

因此，當天我的想法是：人人都是等公布不起訴後去搶進股票，所以反市場操作的我應該是要等消息公布後找股票放空吧！

當天預定早上10點公布，實際上則是10點3分35秒才正式透過媒體發布消息，因此在資訊完全公開的市場裡，就算你是立刻知道消息而搶進股票，依舊不會賺到好處。

我在10點5分下了50張的可成空單189.5元，我的單子正好排在最後面，只成交了29張(可見股票市場裡的高手還是很多)，之後在185元左右買回多單。

此筆交易損益：

一張=1000股

手續費1.7折計，故買進手續費為185元×29張×1000股×0.001425×0.17＝1,299元

賣出手續費為189.5元×29張×1000股×0.001425×0.17＝1,331元

證交稅為賣出金額的千分之三，即189.5元×29張×1000股×0.003＝16,486元

此筆交易總成本為1,299元＋1,331元＋16,486元＝19,116元

買賣價差為(189.5元－185元)×29張×1000股＝130,500元

淨獲利＝130,500元－19,116元＝111,384元

在兩分多鐘裡，這筆交易淨賺了約11萬元。

因此，只要克服恐懼，在散戶不理性時與其對作，賺錢將是很輕鬆的一件事。

可成當日走勢圖(2007年12月28日)

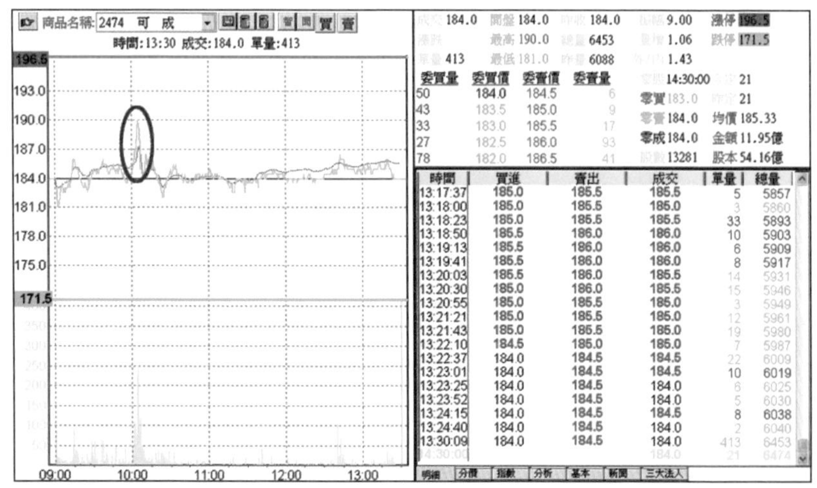

圖2-3

大盤當日走勢圖(2007年12月28日)

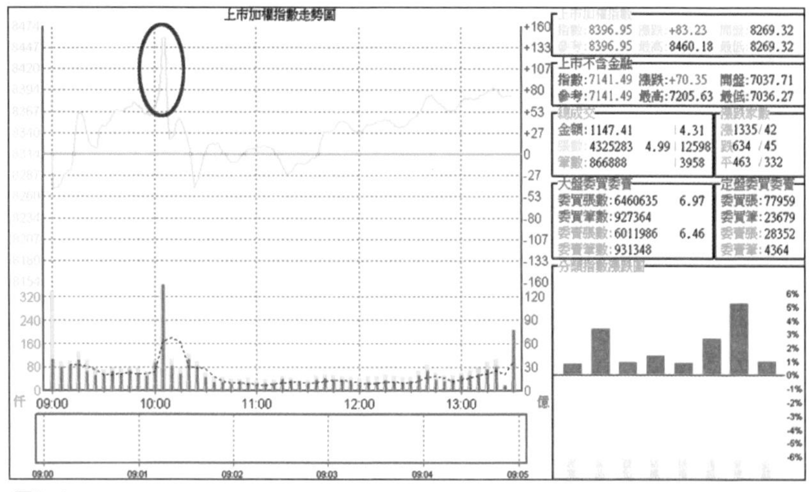

圖2-4

當日交割單(2007年12月28日)

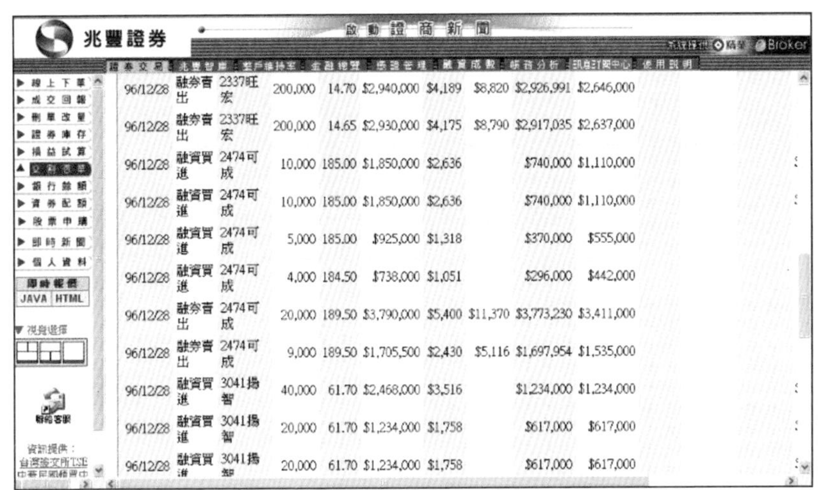

96/12/28	融券賣出	2337旺宏	200,000	14.70	$2,940,000	$4,189	$8,820	$2,926,991	$2,646,000
96/12/28	融券賣出	2337旺宏	200,000	14.65	$2,930,000	$4,175	$8,790	$2,917,035	$2,637,000
96/12/28	融資買進	2474可成	10,000	185.00	$1,850,000	$2,636		$740,000	$1,110,000
96/12/28	融資買進	2474可成	10,000	185.00	$1,850,000	$2,636		$740,000	$1,110,000
96/12/28	融資買進	2474可成	5,000	185.00	$925,000	$1,318		$370,000	$555,000
96/12/28	融資買進	2474可成	4,000	184.50	$738,000	$1,051		$296,000	$442,000
96/12/28	融券賣出	2474可成	20,000	189.50	$3,790,000	$5,400	$11,370	$3,773,230	$3,411,000
96/12/28	融券賣出	2474可成	9,000	189.50	$1,705,500	$2,430	$5,116	$1,697,954	$1,535,000
96/12/28	融資買進	3041揚智	40,000	61.70	$2,468,000	$3,516		$1,234,000	$1,234,000
96/12/28	融資買進	3041揚智	20,000	61.70	$1,234,000	$1,758		$617,000	$617,000
96/12/28	融資買進	3041揚智	20,000	61.70	$1,234,000	$1,758		$617,000	$617,000

圖2-5

股市沒有專家

只有贏家與輸家

參、技術分析的迷思

股票說穿了，就是一門心理學，許多說得頭頭是道的技術分析專家，其實跟神棍沒兩樣，因為很多技術分析都是沒有科學根據的，所以在股票市場裡，使用技術分析的人很多，但真正賺錢的人卻少之又少。

技術分析是很不客觀、不科學的，相信技術分析就如同相信樂透號碼能用電腦算出或是有一定的公式。股票漲跌是買賣雙方供需不平衡所引起的，怎麼會跌到某個點就是空頭、漲到某個點就是多頭呢？

加權股價指數＝當期總發行市值／基值×基期指數

它所代表的也只是大部分股票現在所處的位置而已。

再者，主力炒作股票最重要的是要能在高點倒貨給散戶，所以主力是不可能照著技術線型拉抬股票的，因此在股市裡，有用的是籌碼面與心理面。

有人會說技術分析有時候很準，當然，股票不是漲就是跌，猜對的機率是一半，況且一般人研究過去的線圖，覺得技術分析很準，那是因為不夠客觀，很多人覺得股價底部或頭部的徵狀和技術分析敘述的一樣，但他們往往忽略了失敗的底部或頭部。

又例如移動平均線，它可以用5日、10日、20日、30日……等，跌破5日但怎麼不說沒跌破6日平均線呢？況且平均線是以每日收盤價下去算的，每日收盤價能代表一天的平均成本嗎？

以一般指標為例，當股價跌深後反彈，指標本來就會跟著上去，這時它就會叫你作多了，**所以是股價造成指標的波動，而不是指標造成股價的波動，這對於判斷未來股價的漲跌是沒有意義的**。

不過不可否認的，技術分析有些是有用的，但它之所以有用必須是要加入科學因子，而程式交易者也是同樣的道理，並且要嚴格的執行，不能受到心理或市場的左右。

以波浪理論來講，上升時有分初升段、主升段和末升段，其實這也呼應了反市場心理。

如圖所示：

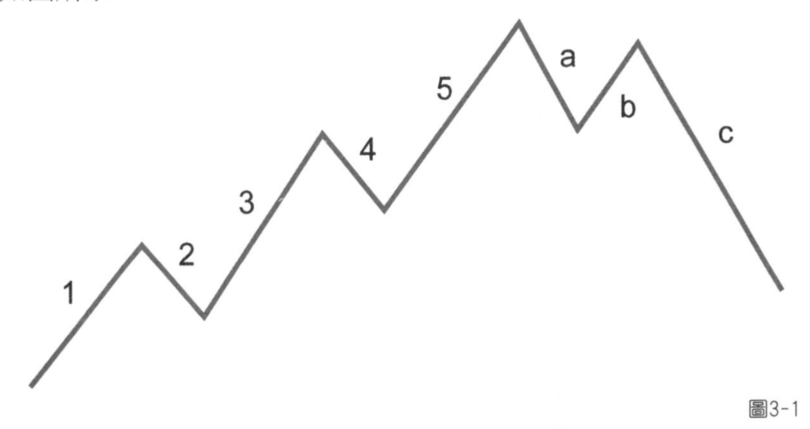

圖3-1

1. 經過了長期空頭下跌後，股價反彈成為1波。
2. 反彈後開始下跌，大家預期又要像以前一樣再次破底，所以紛紛出清持股，結果卻沒出現大家預期的破底。

3. 上漲突破了1波的高點，此時投資人的信心開始慢慢恢復。
4. 上漲之後的下跌，此時投資人已經知道下跌就是買進的時機。
5. 下跌之後又如之前的突破前高上漲，因此加入股市的人越來越多，此時也是投資人信心最高的時候。
   a. 如同之前上漲後的下跌，投資人習慣拉回就是買點。
   b. 行情又開始上漲，大家已經習慣的認為將再突破前高。
   c. 在大家以為要再突破前高時，行情卻急轉直下，從此一瀉千里。

所以波浪理論有用的只是告訴你大概的群眾心理，許多人卻窮盡一生在研究它的5波3浪，並將它細分為144浪。其實這樣就等同看圖說故事，非要從以前的線圖找出符合它的每一浪，如果找不到符合的浪數來自圓其說，就又發明了失敗浪或延升浪。

型態學也是這個道理，許多書上都寫M頭破頸線就會跌，但總要找出原因吧！！以前圖為例，在長期的上漲趨勢下，上漲第五波的下跌回檔後，當大家以為又要突破前高、紛紛搶入股票時，主力卻在此時出貨，也因此形成了M頭。

書上寫M頭的右肩因為價量背離量較少，所以才會成為M頭，這也是不對的說法。M頭的左肩之所以量較多，是因為在上漲一大段後，通常成交量越到後面會越大，而回檔後再上漲形成右肩，因為只漲到前波高附近，所以只是上漲一小段，相對的成交量當然會比較少。

肆、持續獲利的關鍵——資金控管

》資金管理

在股市裡，大部分的人都是輸家，除了因為錯誤的觀念與交易成本外，另外很重要的一點就是不懂得資金控管。

這幾年來，筆者平均每個月在股市裡獲利幾十萬，或許有人會問：既然能夠賺錢，為什麼不玩大一點呢？

大家都知道長期去賭場的人一定是輸家，因為莊家的錢無限，而你的錢有限，所以輸家多；在股市裡也是一樣的，許多人買股票習慣全壓，有多少就買多少，賺了之後就把股票賣掉，或許會換股操作，或許等它跌下來再買進。有人說這樣錢滾錢賺得才快，但真是如此嗎？

股價有漲就會有跌，這是永遠不變的道理；操作有賺就有賠，就算股神巴菲特也不例外。

舉例來講：假如一個人有100萬，買了股票賺了10%後賣掉，第二次再用所有的錢全買，又賺了10%，第三次也是全買，再賺了10%，第四次一樣又賺了10%，這樣錢滾錢、享受著複利很開心吧！

那如果第五次賠了35%，依複利的計算方式，總資本應該還是賺吧？那就來算算看吧！

100萬×1.1＝110萬；110萬×1.1＝121萬；121萬×1.1＝133.1萬；133.1萬×1.1＝146.41萬，到第四次總資本是146.41萬，第五次賠了35%，也就是146.41萬×0.65＝95.1665萬，只剩95.1665萬，結果反而還倒虧，中間還不包含交易成本。

筆者每筆交易的勝算都很高，約有八成，但我並不會一次全押，因為如果倒楣連續出現那二成的虧損機率，那之前的獲利也就白費了，還可能把自己的資本虧光。

筆者不喜歡賭沒把握的事，既然贏面八成，就應該每次的金額一樣，而且下注次數越多越好，這就是統計學裡的大數法則。

這個方法雖然無法讓資金在短期內倍數增加，但至少能夠保持穩健的獲利，什麼時候才值得下大注呢？只有在贏面越高、風險越低的時候，才可以放大賭注。若照著這個方法，獲利將會非常穩定，不會因為一兩次的失誤，而在股市中陣亡。

股票市場上總是有許多的傳奇人物，更有人大起大落了好幾次，這些人雖然成功了，但或許只是一時的，**因為不懂得風險控管而成功的人，真能持續到最後嗎？**

關於融資

用融資買股票等於是自掘墳墓，為什麼呢？因為照上述的例子，假如換成融資，以自備金額四成為例，某人資金有40萬，融資60萬，買了100萬的股票，第一次賺10%，第二次賺10%，第三次賺10%，第四次又賺10%，直到第五次賠了35%，這樣是賺還是賠呢？

第一次：100萬×1.1＝110萬，110萬－60萬(融資金額)＝50萬，本金變成50萬。

第二次：50萬可以融資買125萬的股票，125萬×1.1＝137.5萬，137.5萬－75萬(融資金額)＝62.5萬，本金變成62.5萬。

第三次：62.5萬可以融資買156.25萬的股票，156.25萬×1.1＝171.875萬，171.875萬－93.75萬(融資金額)＝78.125萬，本金變成78萬。

第四次：78.125萬可以融資買195.3125萬的股票，195.3125萬×1.1＝214.843萬，214.843萬－117.1875萬(融資金額)＝97.655萬，本金變成97萬。

連續賺了四次，本金就從40萬變成97萬；至於第五次賠了35%，97萬可以融資買244萬的股票，244萬×0.65＝158.6845萬，158萬－146萬(融資金額)＝12萬，本金變成了12萬。

賺了四次10%，但只要看錯一次行情，賠了35%，本金將從40萬變成12.2萬，這就是融資，你還敢用嗎？

或許有人會說「我用融資只是多頭才用，空頭就不用了。」這句話更奇怪了，你怎麼會知道是多頭或空頭呢？有句股市名言是這樣說的：「行情總在絕望中誕生，在半信半疑中成長，在憧憬中成熟，在希望中毀滅。」亦即股市在高點時，利多滿天飛，不可能讓你感覺到景氣不好了而賣在最高點，多頭空頭也只能是事後諸葛。

當然，在台股多頭的時候，許多人也覺得自己很厲害，因為他們從頭到尾就只懂得做多，而且也或許真的賺很多，但那只是運氣好，因為不會風險控管的人，就算指數漲到兩萬或三萬點，到最後還是會在股市中陣亡。**股價不可能永遠走多頭，而你也永遠不可能每次都猜對頭部在哪裡。**

伍、當沖之前該學的基本功

當日沖銷就是所謂的當沖，也就是當日買進後當日賣出，或是當日先賣出後再買進，而當沖若發生虧損，只需補足虧損價差及費用即可，若有盈餘，券商將在第三天存入您的交割銀行帳戶。而要當沖操作的人，必須在券商開立信用戶，如果沒開信用戶，一般人只能在自有的庫存股票當天買進，當天再賣出庫存股。

許多人談到股票當沖，想到的就是投機，並且在大家的認知裡，當沖是非常高風險的交易，賠錢的人比比皆是；但在筆者的眼裡，**當沖雖然投機，卻不是賭博，可以說是保守的行為**。

一般人不懂得當沖的真諦，所以把它當成賭博，因此造成當沖交易的妖魔化，然而當沖並不是賭博，所以在開始交易前要學習的東西很多，並且要使用更多有用的技巧來提升當沖的勝率。

»股海裡的明燈——期貨

股價指數期貨係以特定的股票市場指數為交易標的之期貨合約，目前世界各主要國家股市亦皆有指數期貨交易。比較知名的為美國S＆P500、道瓊指數、日本日經225等。

而股價指數期貨的損益是以買進與賣出之間的點數差，再乘上每一點的價值，即為該筆交易的損益。

例如5000點買進台灣股價指數期貨合約一口，並於5300點賣出，而台灣股價指數期貨合約的每點價值為200元，此時損益計算即為(5300－5000)×200元＝60,000元，該筆交易獲利則為60,000元再扣除手續費與期交稅。

股價指數期貨的主要功能是將股市的風險轉移與投機套利，因此**期貨的功能可以歸納為：1.避險、2.價格發現、3.投機**。

避險

以台灣股價指數期貨為例，假如現在期貨5100點，一點的價值為200元，那麼這個期貨合約價值就是5100×200元＝1,020,000元，當你買進一口期貨，就等同買進了約100萬的股票組合，而賣出一口期貨，就等於賣出約100萬的股票組合。

知道這個道理後，期貨就能常常運用在股票市場中了。

舉例來講：一般股票大部分都是隨著大盤波動，只是有的波動大，有的波動小，不過大致上還是跟著大盤走。假如你想買進某檔股票，覺得它要上漲，但是又怕大盤大跌而導致股票跟著跌，這時就可以買進股票，並放空相同價值的台股指數期貨，這樣就變成只要買進的股票強於大盤，超出的部分就是你的獲利，反之亦同。

例如買了100萬的某檔股票，並且空了1口5000點的期貨，當股票上漲2%，而期貨上漲1%時，你的總獲利將是1%；假如股票下跌4%，而期貨下跌1%時，你的虧損將是3%。結論就是，你買的股票若強於大盤，用此方法就能獲利。

通常在除權的旺季，我常常會用到這樣的模式，因為稅賦的考量，市場上許多大戶往往會在除權的前幾天賣出持股，並在除權後買回；同時，除權的前三天是停止融資買進的，到了除權後才恢復融資，基於上述這兩個因素，所以常常造成除權前的棄權賣壓，而除權後卻明顯比大盤強，這種現象在高除權值的個股更是明顯。

關於除權息

除息參考價：

為使除息前與除息後所買到的價格一致，所以公司在發放現金股利時，會將股票的價格按照現金股利，以同等的金額下降，這就是除息參考價。

除息日參考價＝前一交易日收盤價－現金股利

例如：某公司將於9月5日除息，發放現金股利2元。9月4日收盤價為45元，那麼在9月5日的開盤參考價將為(45－2)元，即為43元。

除權參考價：

除權也就是公司發放股票股利，流通在外的股數就會增多，但發放股票前後，公司整體總市值不變，因此雖然除權後投資人持有股數增加，但相對的每股股價也跟著下降，成為除權參考價。

除權參考價＝前一交易日該股票收盤價／(1＋配股率)

例如：某公司決定於8月3日發放股票股利300股(即配股率為30%)，8月2日的收盤價為130元，那麼在8月3日除權當天的參考價將為130／(1＋0.3)＝100元

現在很多公司在發放股利時，往往會採取配股、配息一起的方式，所以其參考價的計算方法為：

除權暨除息參考價＝(前一交易日該股票收盤價－現金股利金額)／(1＋配股率)

例如：某公司決定於8月3日發放現金股利10元、股票股利200股(即配股率為20%)，8月2日的收盤價為130元，那麼在8月3日除權息當天的參考價將為{(130－10)／(1＋0.2)}＝100元

以筆者實例操作來講

宏達電(2498)在2007年8月14日發放現金股利27元、股票股利300股，其8月13日的收盤價為566元，在圖5-1中可發現當天尾盤有明顯的棄權賣壓，所以我在尾盤最後一筆買進了10張宏達電566元，等於買進了566萬元的宏達電。

當天的期貨收盤價為8925點，放空一口期貨其合約價值約為178萬，所以我在買進宏達電後，也相對的空了三口期貨8925點。

8月14日宏達電開盤參考價將為(566元－27元)／(1＋0.3)＝414元，我將有10張宏達電與未來一、兩個月後會收到的3張宏達電股票股利和27萬元現金股利。

8月13日晚上美股收低，預告了隔天大盤將開低，不過我並不擔心手中的持股，因為已經有了同部位的避險，所以晚上可以睡得很安穩，只要宏達電開盤比大盤強就行了。

到了8月14日開盤，市價賣出原本持股的10張宏達電，再融券放空3張，並且買回期貨3口8880點，這筆交易也就完成了。

為什麼要再融券放空3張宏達電呢？因為除權所給的股票股利通常需要一個月後才會發放到投資人手裡，所以在除權後，這三張股票股利是沒辦法賣掉的，為了避免一個月後宏達電股價下跌，影響獲利，所以我就先放空3張宏達電，等收到3張股票股利後，即可直接拿來償還融券，此舉將可鎖住利潤。

所以總損益為：

買進總金額為566元×10張＝566元×10000股＝5,660,000元

賣出總金額為(430元×6張)＋(432元×7張)＝(430元×6000股)＋(432元×7000股)＝5,604,000元

手續費以1.7折計，故總手續費為2,795元，交易稅為17,622元；融券手續費為賣出金額之萬分之八，為3張×432元×1000股×0.0008＝1,036元

交易成本為2,795元＋17,622元＋1,036元＝21,453元

則買賣宏達電的利潤＝賣出總金額－買進總金額－交易成本＋現金股利

5,604,000－5,660,000－21,453＋270,000＝192,547元

期貨損益約為25,000元

此筆交易總損益為192,547＋25,000＝217,547元

以兩天的時間，在極低的風險下賺取了217,547元，這種報酬算很不錯了。

對於資本較少的讀者，我建議可用相同的方法，並使用小台指，一樣可以達到相同的目的。

2007年8月13日宏達電當日走勢圖

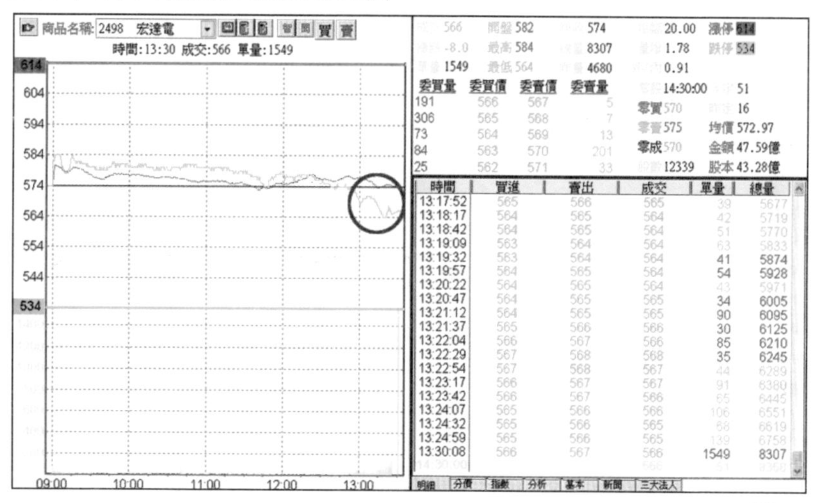

圖5-1

2007年8月13日交割單

日期	交易	股票	股數	價格	金額	手續費				
96/08/13	普通買進	2498宏達	10,000	566.00	$5,660,000	$8,065				$5,
96/08/13	融資買進	9945潤泰新	21,000	39.60	$831,600	$1,185		$333,600	$498,000	$
96/08/13	融資買進	9945潤泰新	20,000	39.60	$792,000	$1,128		$317,000	$475,000	$
96/08/13	融券賣出	9945潤泰新	30,000	40.10	$1,203,000	$1,714	$3,609	$1,197,677	$1,082,700	1,
96/08/13	融券賣出	9945潤泰新	11,000	39.90	$438,900	$625	$1,316	$436,959	$395,100	$-

成交總金額	$30,366,150		
手續費總金額	$43,252	交易稅總金額	
淨收金額	$0	淨付金額	
當沖賺賠	$63,188	總淨收付金額	

圖5-2

2007年8月14日宏達電當日走勢圖，強勢開高

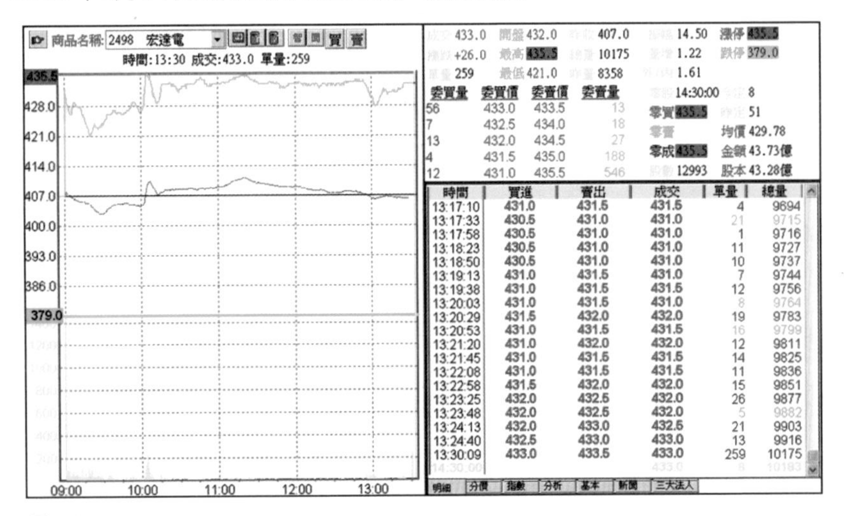

委買量	委買價	委賣價	委賣量
56	433.0	433.5	13
7	432.5	434.0	18
13	432.0	434.5	27
4	431.5	435.0	188
12	431.0	435.5	546

時間	買進	賣出	成交	單量	總量
13:17:10	431.0	431.5	431.5	4	9694
13:17:33	430.5	431.0	431.0	21	9715
13:17:58	430.5	431.0	431.0	1	9716
13:18:23	430.5	431.0	431.0	11	9727
13:18:50	430.5	431.0	431.0	10	9737
13:19:13	431.0	431.5	431.0	7	9744
13:19:38	431.0	431.5	431.5	12	9756
13:20:03	431.0	431.5	431.0	8	9764
13:20:29	431.5	432.0	432.0	19	9783
13:20:53	431.0	431.5	431.5	16	9799
13:21:20	431.0	432.0	432.0	12	9811
13:21:45	431.0	431.5	431.5	14	9825
13:22:08	431.0	431.5	431.5	11	9836
13:22:58	431.5	432.0	432.0	15	9851
13:23:25	432.0	432.5	432.0	26	9877
13:23:48	432.0	432.5	432.0	5	9882
13:24:13	432.0	433.0	432.5	21	9903
13:24:40	432.5	433.0	433.0	13	9916
13:30:09	433.0	433.5	433.0	259	10175
14:30:00			433.0	8	10183

圖5-3

2007年8月14日期貨當日走勢圖

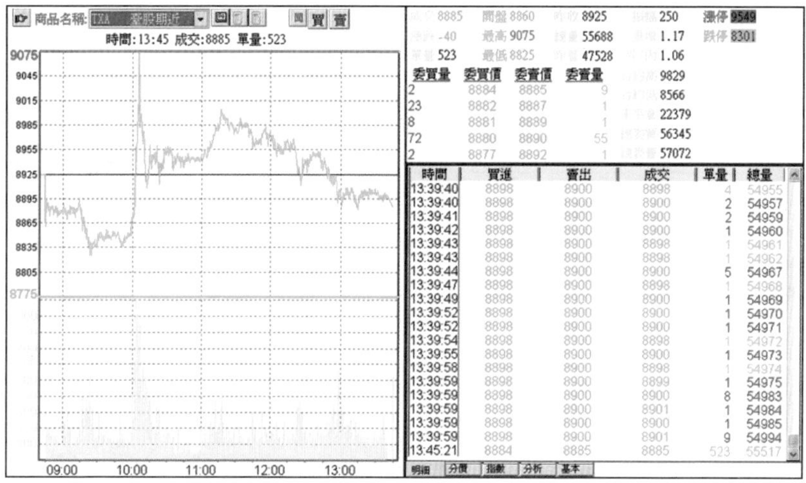

圖5-4

2007年8月14日交割單

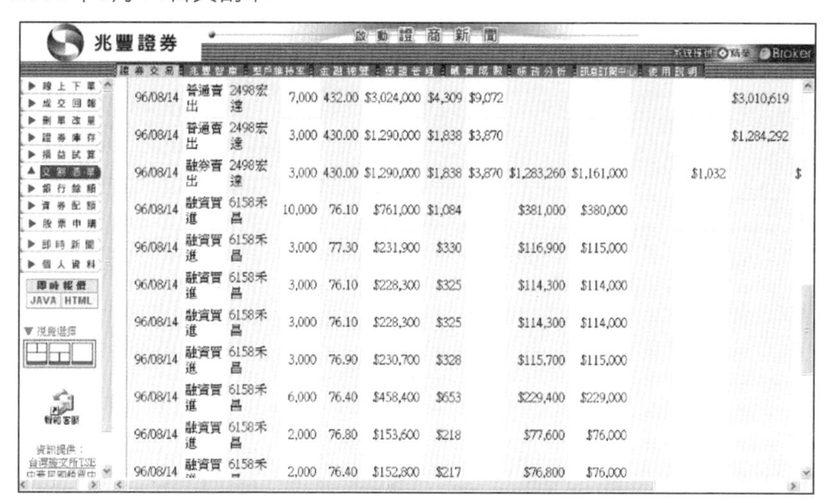

96/08/14	普通賣出	2498宏達	7,000	432.00	$3,024,000	$4,309	$9,072				$3,010,619	
96/08/14	普通賣出	2498宏達	3,000	430.00	$1,290,000	$1,838	$3,870				$1,284,292	
96/08/14	融券賣出	2498宏達	3,000	430.00	$1,290,000	$1,838	$3,870	$1,283,260	$1,161,000	$1,032		$
96/08/14	融資買進	6158禾昌	10,000	76.10	$761,000	$1,084		$381,000	$380,000			
96/08/14	融資買進	6158禾昌	3,000	77.30	$231,900	$330		$116,900	$115,000			
96/08/14	融資買進	6158禾昌	3,000	76.10	$228,300	$325		$114,300	$114,000			
96/08/14	融資買進	6158禾昌	3,000	76.10	$228,300	$325		$114,300	$114,000			
96/08/14	融資買進	6158禾昌	3,000	76.90	$230,700	$328		$115,700	$115,000			
96/08/14	融資買進	6158禾昌	6,000	76.40	$458,400	$653		$229,400	$229,000			
96/08/14	融資買進	6158禾昌	2,000	76.80	$153,600	$218		$77,600	$76,000			
96/08/14	融資買	6158禾	2,000	76.40	$152,800	$217		$76,800	$76,000			

圖5-5

2008年的宏達電7月14日除權前一天尾盤棄權賣壓

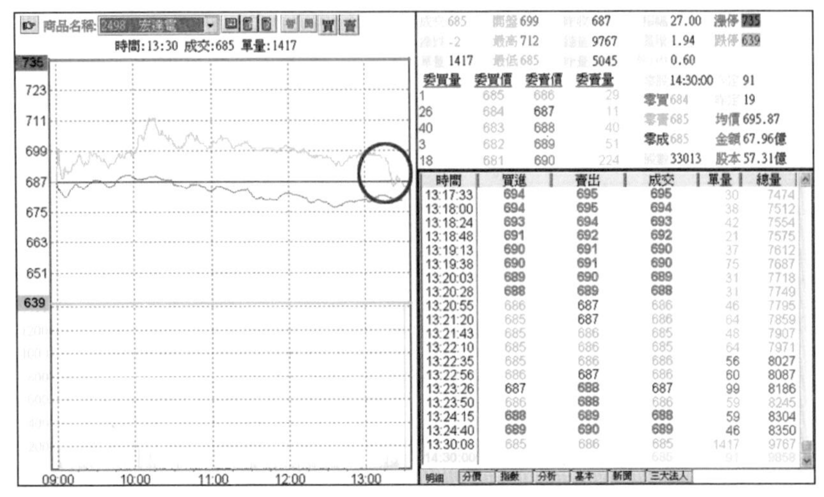

圖5-6

7月15日除權當天開盤比大盤強勢許多

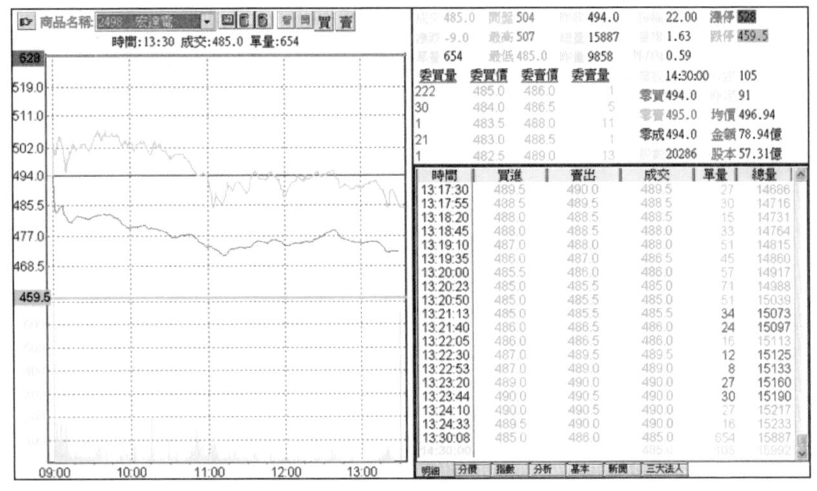

圖5-7

價格發現

台灣股市中，外資占的比重約為30%，所以外資對於台灣股市有其一定的主導地位，當外資要大量買進或賣出股票時，因為數量足以影響大盤漲跌，所以通常都會先買進或賣出期貨，也就造成期貨領先現貨的現象。知道這個現象後，我們就可以把期貨當成一種先行指標，藉以操作台股，如此對於操作股票將無往不利。

投機

雖然期貨的交易成本和股票比起來低很多，但是期貨賺錢的人卻更少，風險也更大，原因是什麼呢？就是之前提到的外資！

外資是很狡猾的，大盤要拉或殺之前，他們皆能在期貨中預先布局，而期貨是零和交易，也就是說，有人賺就一定有人賠，因為已經有一大部分人(外資)穩賺了，至於另一部分的散戶，就只有任人宰割的份了。所以贏的機率除了要扣掉手續費等因素外，還要扣掉外資穩贏的部分，因此一般人要在期貨市場贏錢，一次、兩次或許沒問題，但長期下來真的很難。

就如同下注一場球賽，如果知道是在打假球，結局皆由莊家所控制，那你還會想下簽注嗎？

因此不建議期貨當沖交易，不過因為期貨有領先大盤的特色，所以可以作為買賣股票的一個很重要的參考工具。

聰明的讀者看了這個說明後，應該知道做期貨不如做股票，至少股票還有個先行指標作為參考依據——期貨。如果當沖期貨，因為起跑點已經落後，也就只有完全任外資宰割的份了。

股票買賣技巧

平時買賣股票，我喜歡在大盤向下殺的時候買進，大盤往上拉的時候賣出，這和一般人的操作方法是相反的。一般人喜歡去追股價急拉的股票，或去空股價急殺的股票，其實這樣往往都會買在最高點或賣在最低點，因為當看到下跌想殺股票時，往往已經在醞釀反彈了。

但大盤向下殺時，該如何知道何時才是買進的時機呢？這個時候期貨就是一項很重要的參考指標，大盤若要止跌，期貨會先領先大盤止跌，而大盤往上拉時也是同樣的道理。

掛單的技巧也是非常重要的，通常當沖股票時，在價格劇烈波動的時候，大部分的人都是使用市價單，所以往往會造成委買或委賣的掛單量特別少，也因此這時候就應該掛定價單，因為常常會發生穿價成交的現象。

要瞭解穿價成交，那就要先從目前股市的交易制度開始說起了。台灣股市目前的交易制度為集合競價，所謂的集合競價，筆者先以盤中來說明。

假設某檔股票最佳買賣5檔為下表：

(表A)

買進	張數	賣出	張數
53.0	30	53.1	33
52.9	25	53.2	35
52.8	28	53.3	38
52.7	40	53.4	40
52.6	42	53.5	33

如果這時我掛53.1元買進20張，那麼將會出現53.1元成交20張，即時最佳5檔將變成：

53.1元成交20張

買進	張數	賣出	張數
53.0	30	53.1	13
52.9	25	53.2	35
52.8	28	53.3	38
52.7	40	53.4	40
52.6	42	53.5	33

(表A)

買進	張數	賣出	張數
53.0	30	53.1	33
52.9	25	53.2	35
52.8	28	53.3	38
52.7	40	53.4	40
52.6	42	53.5	33

現在再重新回到表A，如果我掛53.6元買進20張，那麼將會出現53.1元成交20張，即時最佳5檔將變成：

53.1元成交20張

買進	張數	賣出	張數
53.0	30	53.1	13
52.9	25	53.2	35
52.8	28	53.3	38
52.7	40	53.4	40
52.6	42	53.5	33

(表A)

買進	張數	賣出	張數
53.0	30	53.1	33
52.9	25	53.2	35
52.8	28	53.3	38
52.7	40	53.4	40
52.6	42	53.5	33

現在再重新回到表A，如果我掛53.1元買進40張，那麼將會出現53.1元成交33張，53.1還有7張要買買不到，即時最佳5檔將變成：

53.1元成交33張

買進	張數	賣出	張數
53.1	7	53.2	35
53.0	30	53.3	38
52.9	25	53.4	40
52.8	28	53.5	33
52.7	40	53.6	50

（表A）

買進	張數	賣出	張數
53.0	30	53.1	33
52.9	25	53.2	35
52.8	28	53.3	38
52.7	40	53.4	40
52.6	42	53.5	33

現在再重新回到表A，如果我掛53.6元買進50張，理論上應該會出現53.1元成交33張、53.2成交17張。但實際上並不是如此，因為台股盤中是集合競價，每20秒左右會撮合一次，亦即撮合時只會出現成交一個最佳的價格。

回到表A，如果我掛53.6元買進50張，那麼將會出現只成交一筆53.2元，共成交50張，53.1元要賣的這33張將成交在53.2元，而53.2元要賣的這35張，將有17張會被成交掉。那麼誰先誰後呢？同價格的話，就以掛單的時間順序為準了。因此買賣的最佳5檔將會如下：

53.2元成交50張

買進	張數	賣出	張數
53.0	30	53.2	18
52.9	25	53.3	38
52.8	28	53.4	40
52.7	40	53.5	33
52.6	42	53.6	50

(表A)

買進	張數	賣出	張數
53.0	30	53.1	33
52.9	25	53.2	35
52.8	28	53.3	38
52.7	40	53.4	40
52.6	42	53.5	33

同理，重新回到表A，我掛53.6買進160張，那麼將會成交在53.5元，成交160張。

53.1元要賣出的33張將成交在53.5元；53.2元要賣出的35張也成交在53.5元；53.3元要賣出的38張也成交在53.5元；53.4元要賣出的40張也成交在53.5元；53.5元要賣出的33張將部份14張成交在53.5元。

這些原本掛53.1元、53.2元、53.3元、53.4元要賣出的單子，將會成交在比自己預訂的價格還要漂亮的單子，這就是所謂的穿價或跳檔。通常會出現這種價格突然一次就從53元跳到53.5元的情況，大部份都是買進的單子突然下很多，且價格掛很高要買，不然就是掛賣出的委賣單子較少的時候。

因此穿價成交可說是天上掉下來的禮物，但要收到這種禮物，首先就是掛的單量不能太大，所以我常常分筆並且小額的掛單，這樣才能夠常常收到這種禮物。

而掛單價位也是一種學問，一般投資人總是特別喜歡掛單在整數點關卡或漲跌停價位與平盤價等，這些價位的委買、委賣量通常也特別多，因此，如果你也跟其他人一樣掛在這些價位，要嘛就不成交，不然就是等你的單子成交後，就發生令你嘔血的事。

所以我都習慣掛在這些價位的前一檔，雖然只差一檔，但差別卻是非常大。

例如建達(6118)，我在融券放空後就馬上掛了定價買單，因為波動極大，因此在漲停板附近放空後，下一筆即馬上穿價成交在跌停板。**在短短的時間內，獲利了10%，進帳近20萬，**這就是天上掉下來的禮物。

6118當日走勢圖

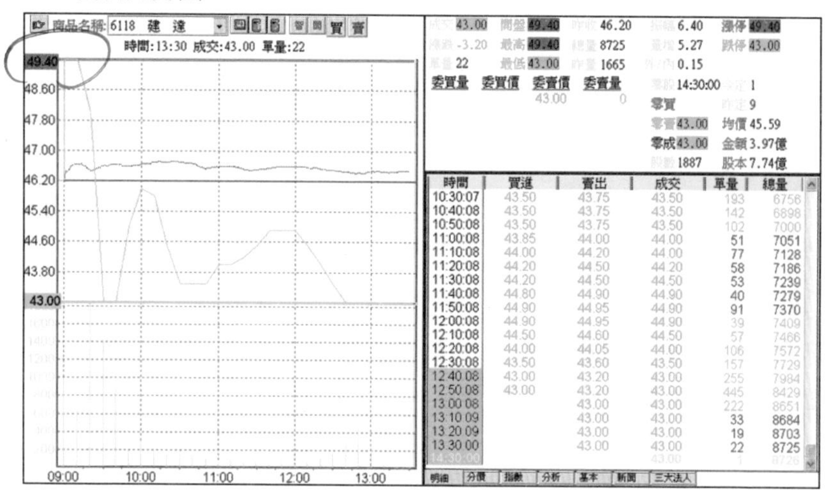

圖5-8

當日交割單

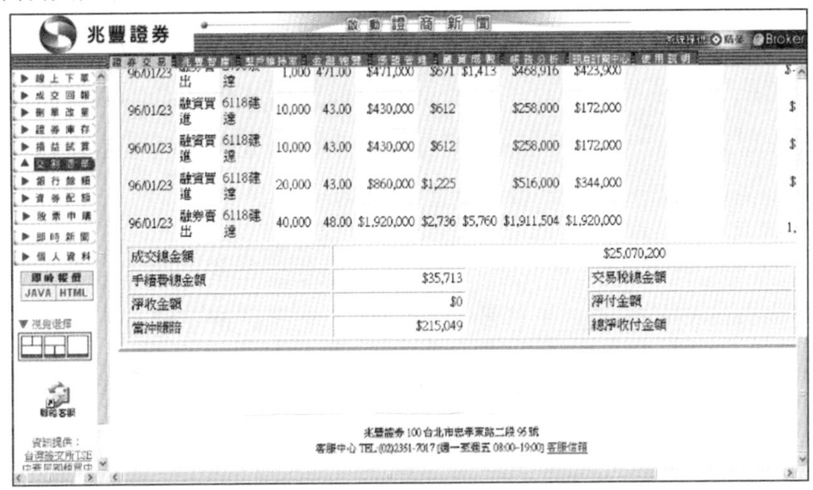
兆豐證券

日期	交易	股票	股數	價格	金額				
96/01/23	融資買進	6118建達	10,000	43.00	$430,000	$612		$258,000	$172,000
96/01/23	融資買進	6118建達	10,000	43.00	$430,000	$612		$258,000	$172,000
96/01/23	融資買進	6118建達	20,000	43.00	$860,000	$1,225		$516,000	$344,000
96/01/23	融券賣出	6118建達	40,000	48.00	$1,920,000	$2,736	$5,760	$1,911,504	$1,920,000

成交總金額		$25,070,200	
手續費總金額	$35,713	交易稅總金額	
淨收金額	$0	淨付金額	
當沖賺賠	$215,049	總淨收付金額	

兆豐證券 100台北市忠孝東路二段95號
客服中心 TEL:(02)2351-7017 [週一至週五 08:00-19:00] 客服信箱

圖5-9

台股盤勢規劃

長期大盤走勢規劃

台灣股市長期的走勢是跟著美股走的，但短期的走勢則不一定，假如今晚美股大跌，理論上台股明天也是要大跌的，或許一兩天不會一模一樣，但是長期來講一定是跟著走的，不然美股大跌，台股隔天就跟著跌，股票如果這麼簡單的話，就沒人會賠錢了。

當美股大跌幾天、而台股卻不怎麼跌時，此時就可看空台股，因為長期來講，兩者間的價差一定會收斂，不可能美股走空了，台股卻獨強或創新高。就像2007年12月中台股大跌了一波，但美股並不怎麼跌，這時買進台股，風險是相對較小的，畢竟已經超跌了，運氣再不好，頂多就是美股接著大跌，且因為台股已經先反映了，之後再跌的空間也不多；但假如美股接著是止穩或上漲，那台股的漲勢就會相對的強很多。

2008年5月中也是同樣的現象，當時美股已經開始走空了，台灣卻還沉醉於新總統上任的蜜月行情，之後行情急轉直下，因此跌幅比其他國家重更多，然而這不過是台股回歸其真正價值，屬正常現象，也是當冲者該有的基本認識和賺錢機會，應當把握！

美股跟台灣是很密切的，美國的電子大廠獲利不好，台灣的電子業也不會好到哪去，因此在大環境不佳的情況下，台股是無法跳脫國際股市而獨善其身的，這是很科學的方法，所以當台股相對強於美國股市時，請別再相信新聞媒體所說的「台股利空不跌」或「領先全球起漲」等鬼話了。

當日大盤規劃

再來就是當日大盤規劃，預測當日大盤走勢的方法有很多種，人人使用的都不同，有人用支撐與壓力，有人喜歡開盤八法，也有人看江波圖，其實影響大盤走勢的原因有很多，**但總歸來講，大盤的走勢跟國際盤與市場心理因素最為密切**。

1. **國際盤：**

台股近幾年來與亞洲股市的連動性很高，尤其與南韓股市的連動性最高，因為兩國的市場結構是很相似的，所以當南韓股市急拉時，台股也會跟著拉抬，只是漲多漲少不一定，跌時亦同。至於是南韓股市跟著台股走或台股跟著南韓走，並沒有一個定論，這問題就如同雞生蛋、蛋生雞一般。

有一個特別值得注意的地方是，當早盤台股連拉了幾波後，南韓股市卻沒有相對的漲幅，這時盤中或尾盤就要特別小心台股將隨時大幅的拉回，反之下跌時亦同。知道這個道理後，我們可以依據南韓股市做為大盤的一個重要參考指標。

2. **市場心理：**

在每天的新聞報導或專家的評論中，他們總是會找出一個合乎邏輯的因素，來說明今日大盤上漲或下跌的原因，比如說今天大盤開高走低，那麼新聞報導可能就會說是因為投資人信心不足；假如今日大盤重挫而尾盤急拉，則可能說是政府基金進場護盤……，不過研究這些原因是沒有意義的。

一般來講，開高走低其實是投資人信心最高的時候才會發生，而股市名嘴們卻非要找出一個原因來解釋不可，因此誤導了大部分投資人，讓人以為開高走低是因為投資人信心不足所致。

散戶的心理很奇怪，會存在著一種慣性，昨天尾盤殺得越兇，今天快到尾盤時就會更害怕，一朝被蛇咬，十年怕井繩，不過結果往往是到了尾盤反而大拉，讓人氣得吐血，所以散戶也才會十次操作九次輸。

其實這也可以很科學的解釋它，因為第一天尾盤殺得很兇，第二天快到尾盤時大家都怕殺尾盤，所以想賣的會先賣，想買的怕太早買了會跌，所以也等到尾盤才出手，就這樣造成了尾盤的賣壓減少，而買方等待有低價可撿，在尾盤才出手，使尾盤拉高收盤。

但這並不表示今日殺尾盤，明日就一定會拉尾盤，如果股市這麼有規律的話，那賠錢的人應該就只是少部分了。嚴格來講應該是說，假如今天殺尾盤殺得見骨見血，令人刻骨銘心，讓你會有恐懼感，則明日拉尾盤的機率將會非常高。

從這個道理可以衍生出大盤兩天的走勢是不會完全一模一樣的，但也不表示今天大盤開高走高，明日大盤開高之後就一定走低，它開高後殺低再拉高也是有可能的，總之兩日的走勢是不會一模一樣的，知道這個規則後，就能偶爾掌握住大盤某個時段的可能走勢了。

一個成功的當沖者在預測今日大盤走勢時，心中大概有個底就行了，並且會在盤中隨時做修正，不會預設立場、堅持到底。

以下以10月24日到11月7日的大盤走勢圖來說明：

以24日與27日來講，雖然都是開低，但24日開低後一路殺，27日則為開低後拉高再一路殺；尾盤部分，24日殺尾盤，27日拉尾盤。

10月24日星期五

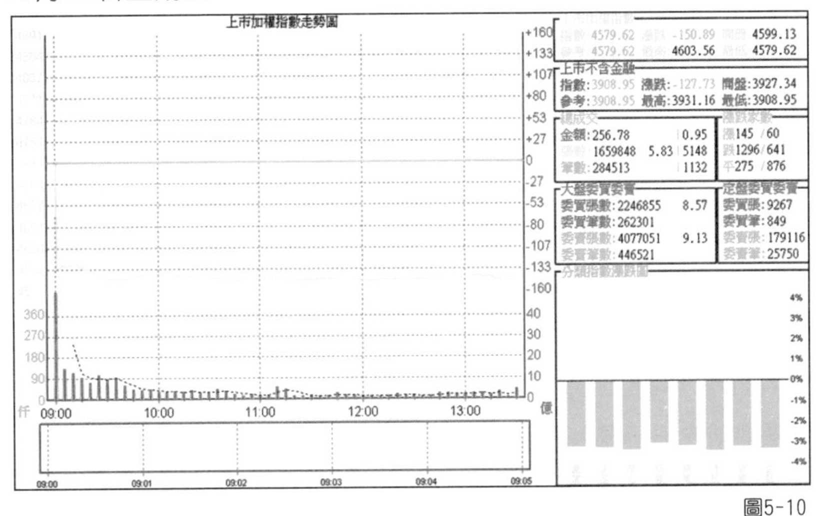

圖5-10

10月27日星期一

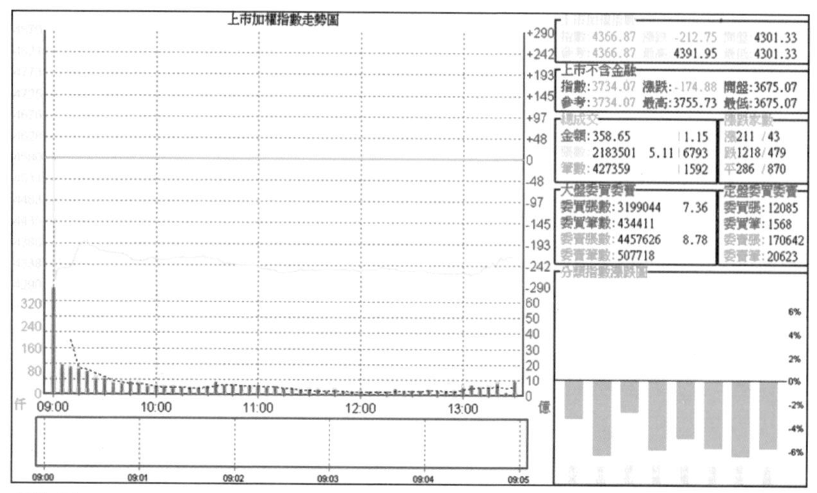

圖5-11

10月28日星期二，大盤開低後一路殺到9點30分，正當大家以為又要像前幾日一樣指數躺平時，卻拉高一路走高。

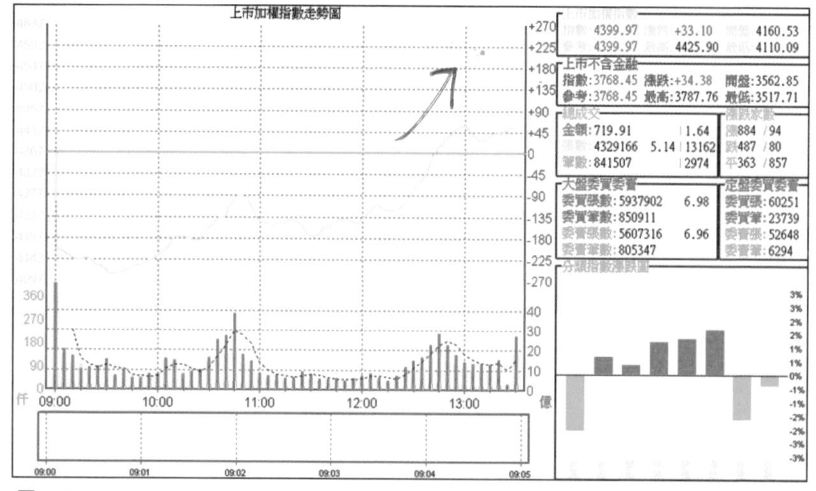

圖5-12

10月29日星期三，大盤開高走低。

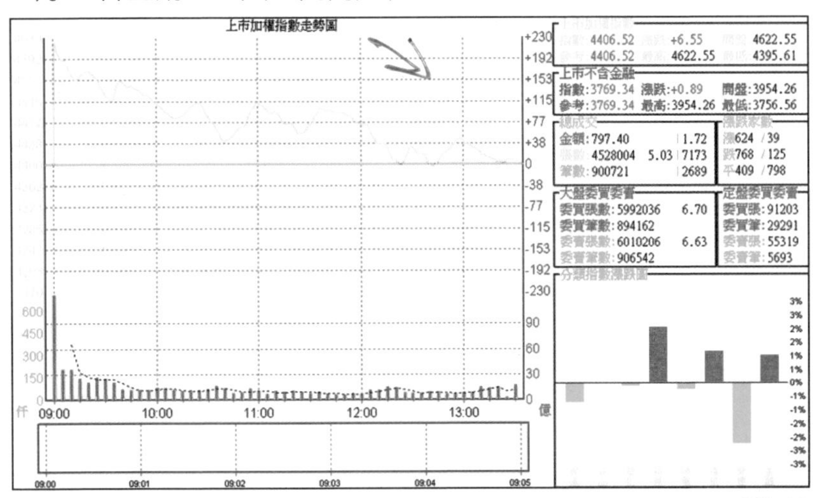

圖5-13

10月30日大盤開高後，在大家以為又要走低時，卻開高走高。

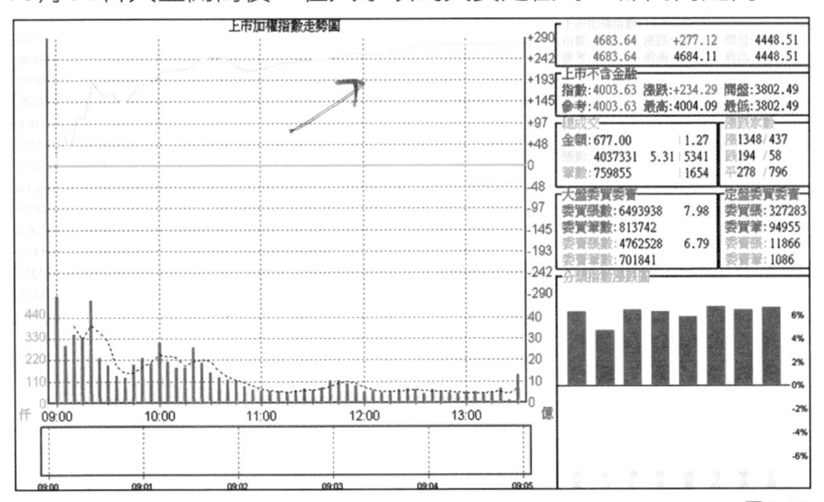

圖5-14

10月31日開平震盪走高，尾盤壓回。

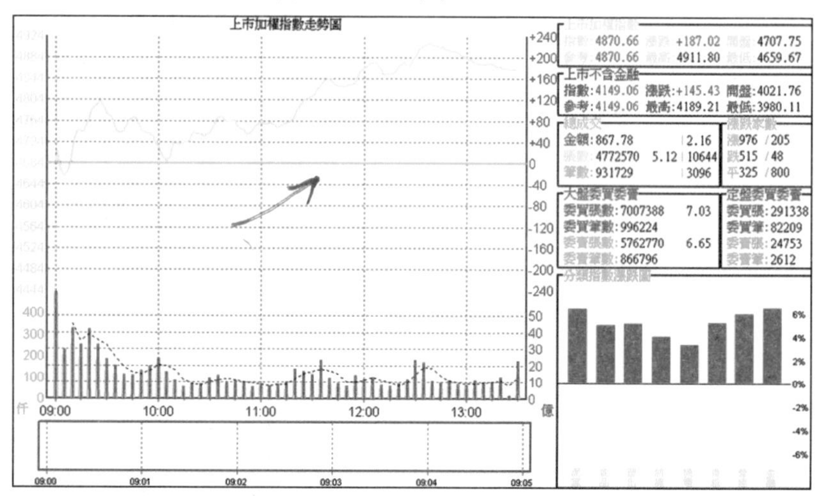

圖5-15

11月3日開高震盪，尾盤拉高。

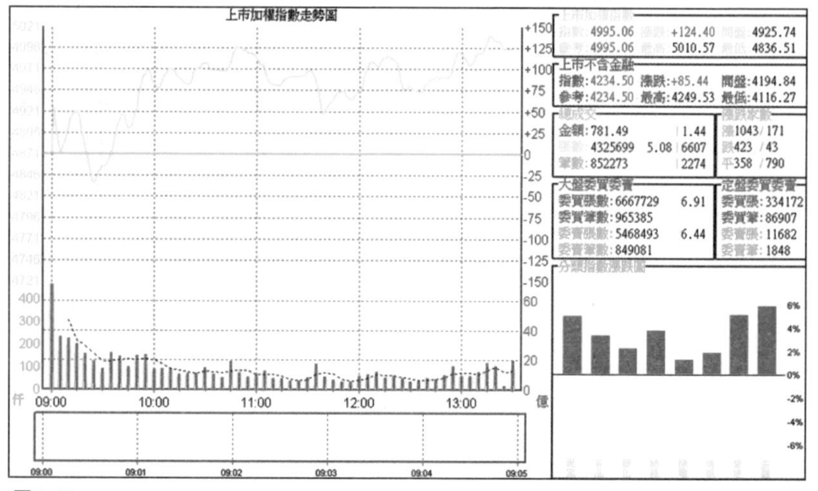

圖5-16

11月4日開平走低，盤中再拉高。

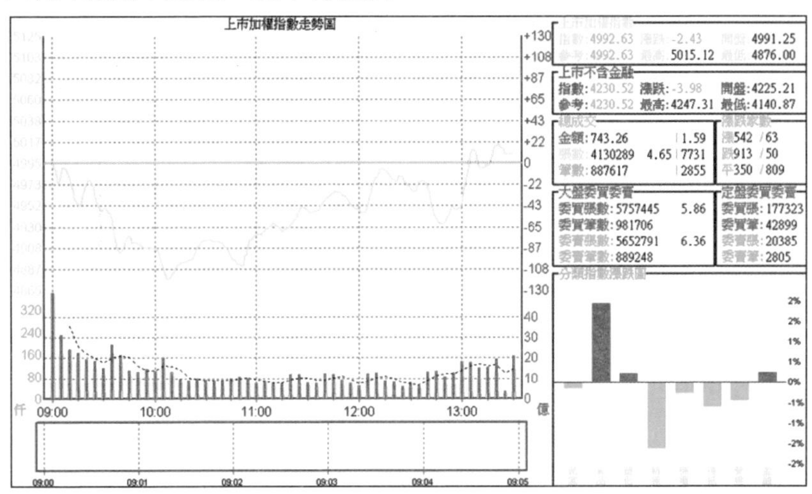

圖5-17

11月5日開高震盪走高，盤中開始下殺。

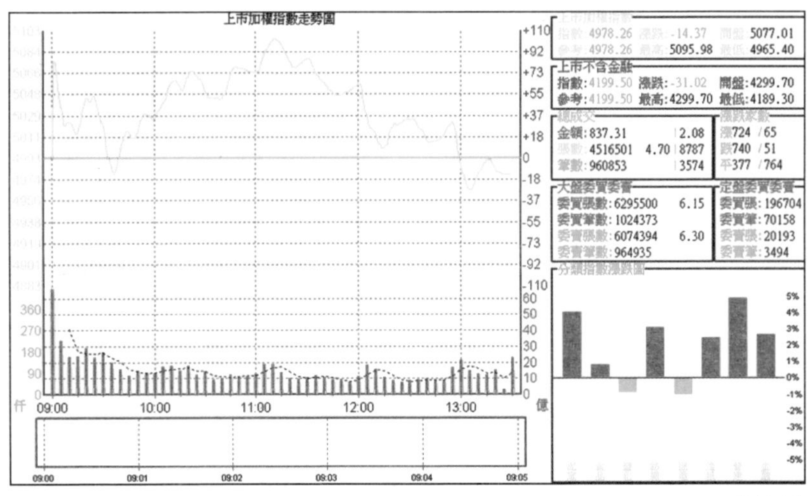

圖5-18

11月6日開低拉高後再下殺。

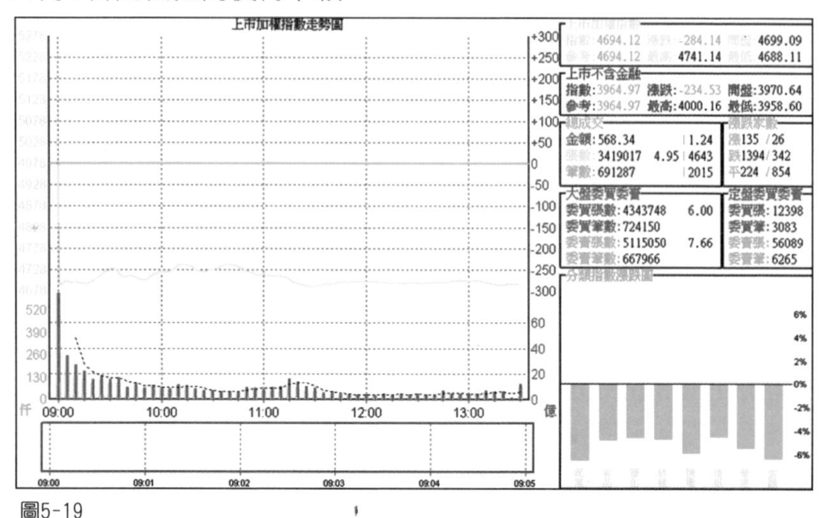

圖5-19

11月7日開低拉高後一路走高。

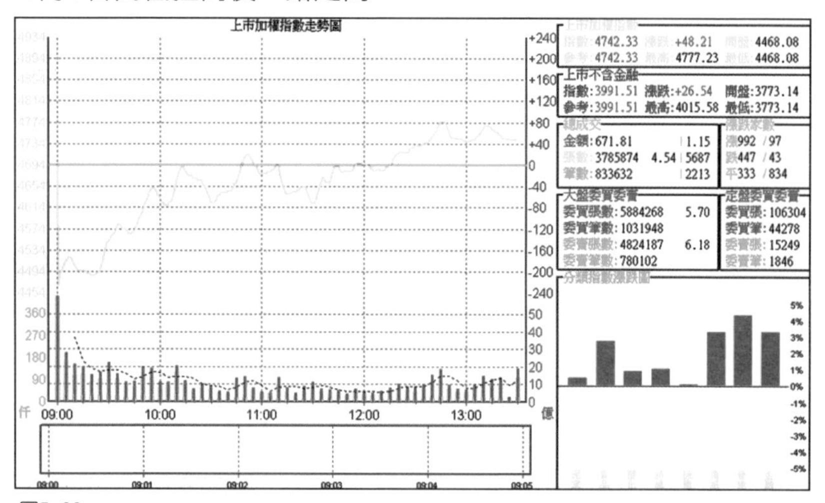

圖5-20

從以上的各日大盤走勢圖就能知道，**連續兩日的大盤走勢是不會一樣的**，憑著這點，將可在某些時候預測出大盤某時段的走勢。

大盤最後一筆常常也是有這種現象，假如今天最後一筆尾盤拉得很兇，那麼隔日最後一筆殺低的機率就很大。

例如：

2008年11月25日最後一筆拉尾盤

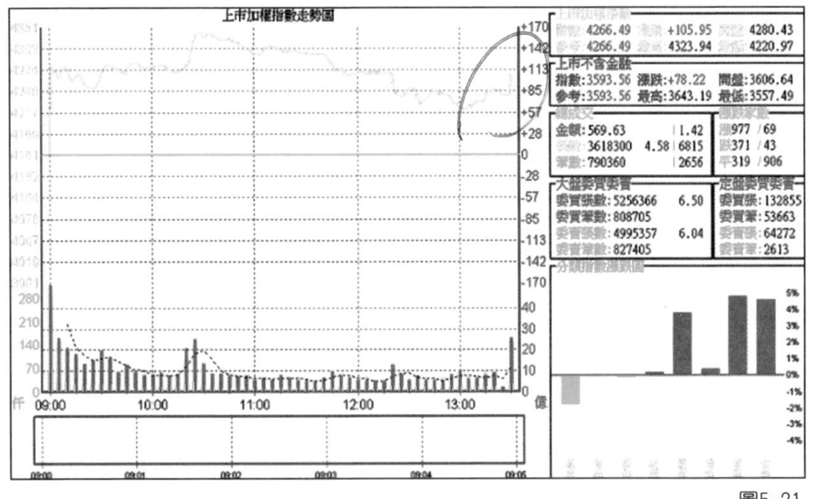

圖5-21

2008年11月26日最後一筆則殺尾盤

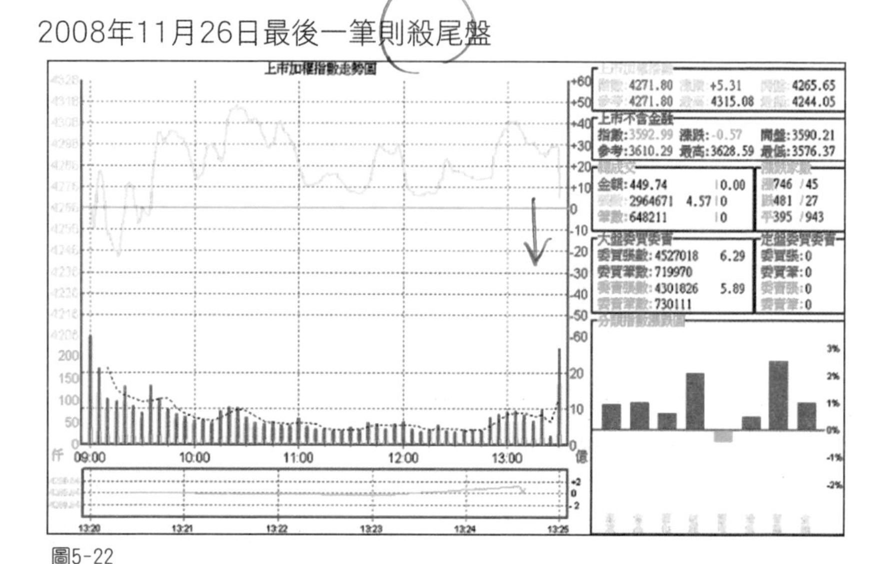

圖5-22

同樣的方法也能運用在個股上，假如一檔個股今天尾盤最後一筆拉得很兇，那明日收盤的最後一筆賣壓將會比較大，也就特別容易殺尾盤。這也可以很科學的解釋，如果今天尾盤最後一筆拉得很兇，到了明日，假如你是空方，想回補股票，則越接近尾盤的時候，你的心裡就會越害怕，因為會擔心是否又要像昨日那樣，因此將會提早買回，造成買方提早買進，而賣方卻想等尾盤最後一筆再賣出，結果使買賣的力道不平均，形成殺尾盤。

日月光(2311)11月3日殺尾盤，殺得很兇。

商品名稱:2311 日月光 買 賣

時間:13:30 成交:13.40 單量:910

14.95 14.70 14.45 14.20 14.00 13.80 13.55 13.30 13.05

09:00 10:00 11:00 12:00 13:00

13.40 開盤 13.50 14.00 0.75 漲停 14.95

-0.60 最高 13.80 46214 1.44 跌停 13.05

910 最低 13.05 32140 0.69

委買量	委買價	委賣價	委賣量
64	13.40	13.50	5
647	13.35	13.55	2
360	13.30	13.60	33
46	13.25	13.65	68
421	13.20	13.70	261

14:30:00 41

零買 13.45 31

零賣 13.50 均價 13.31

零成 13.45 金額 6.14億

19570 股本 569.04億

時間	買進	賣出	成交	單量	總量
13:17:33	13.70	13.75	13.75	75	43804
13:17:58	13.70	13.75	13.75	167	43971
13:18:23	13.70	13.75	13.75	35	44006
13:18:48	13.70	13.75	13.70	97	44103
13:19:13	13.65	13.70	13.70	159	44262
13:19:38	13.65	13.70	13.70	43	44305
13:20:03	13.65	13.70	13.70	18	44323
13:20:28	13.65	13.70	13.70	95	44418
13:20:53	13.70	13.75	13.70	117	44535
13:21:18	13.70	13.75	13.75	82	44617
13:21:44	13.65	13.70	13.65	98	44715
13:22:08	13.60	13.65	13.65	92	44807
13:22:33	13.65	13.70	13.70	122	44929
13:22:58	13.65	13.70	13.70	96	45025
13:23:23	13.65	13.70	13.70	54	45079
13:23:48	13.65	13.70	13.70	42	45121
13:24:13	13.70	13.75	13.70	77	45198
13:24:38	13.65	13.70	13.70	106	45304
13:30:06	13.40	13.50	13.40	910	46214
14:30:00			13.40	41	46255

明細 分價 指數 分析 基本 新聞 三大法人

圖5-23

日月光(2311)11月4日就拉尾盤了。

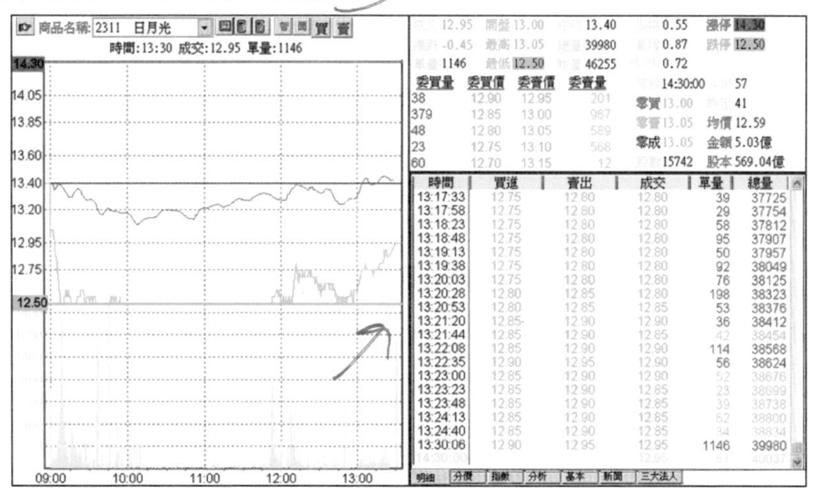

委買量	委買價	委賣價	委賣量
38	12.90	12.95	201
379	12.85	13.00	967
48	12.80	13.05	589
23	12.75	13.10	568
60	12.70	13.15	12

時間	買進	賣出	成交	單量	總量
13:17:33	12.75	12.80	12.80	39	37725
13:17:58	12.75	12.80	12.80	29	37754
13:18:23	12.75	12.80	12.80	58	37812
13:18:48	12.75	12.80	12.80	95	37907
13:19:13	12.75	12.80	12.80	50	37957
13:19:38	12.75	12.80	12.80	92	38049
13:20:03	12.75	12.80	12.80	76	38125
13:20:28	12.80	12.85	12.80	198	38323
13:20:53	12.80	12.85	12.85	53	38376
13:21:20	12.85	12.90	12.90	36	38412
13:21:44	12.85	12.90	12.85	42	38454
13:22:08	12.85	12.90	12.90	114	38568
13:22:35	12.90	12.95	12.90	56	38624
13:23:00	12.85	12.90	12.90	52	38676
13:23:23	12.85	12.90	12.85	23	38699
13:23:48	12.85	12.90	12.85	39	38738
13:24:13	12.85	12.90	12.85	62	38800
13:24:40	12.85	12.90	12.85	34	38834
13:30:06	12.90	12.95	12.95	1146	39980
14:30:00			12.95	57	40037

圖5-24

獲利的先決條件——降低你的交易成本

影響當沖獲利最重要的就是交易成本

有人會說當沖就如同賭大小，輸贏各一半，所以贏家應該有50%。但為何卻沒什麼人賺錢？問題主要出在證交稅、手續費、融券借券費等交易成本，因為有這三項費用，所以短期內賺錢的人有，但長期下來，有賺錢的就很少了。在當沖的世界裡，這是個非常不公平的現象，政府、券商要抽成、收手續費，所以本來贏面是50%，但算上手續費後，可能每次出手的贏面只剩下30%。

為何會有如此差異呢？證交稅不是才占賣出金額的千分之三，手續費為買賣的千分之一點四二五，借券費則為賣出金額的萬分之八嗎？但因為一般股票的波動一天才幾%，而這些費用就占了很重的一部分；更重要的是，股票當日的走勢往往與大部分人的預測相反，所以當沖一開始就是個不公平的賭局。因此在這個賭局裡，我們應該要先降低先天的不利因素，之後再想辦法從後天的技巧提高勝算。

證交稅人人都要繳，但手續費與借券費可是很有降價空間的。

一般要作當沖的人，手續費是越便宜越好，筆者因為一個月平均成交量約幾億，所以和券商有談判空間，手續費是1.7折，並且當沖免借券費。

有人看到這裡不禁會問：一般人的成交量並沒辦法到幾億，那手續費該怎麼辦呢？

成交量小有成交量小的好處，像筆者每次出手二十幾元的股票，可能一次就下了一、兩百張，往往每次買進成交的價格都會是外盤價，而賣出時卻是內盤價，如此一來一往，價格就差了兩檔，雖然只是兩檔，卻可能已經是手續費的幾倍。所以散戶雖然交易成本稍高，但小額當沖會比大額當沖的獲利率更高。

想當初筆者開始當沖時，手續費是從打六折開始，等到有一定的量後，就能跟券商殺價，就這樣五折、四折一點一點降下來。

至於當沖借券費，每位當沖客都是一定要免除的，因為它占的交易成本極高，不論你是大戶或散戶，只要好好的跟你的營業員談，或許不是個問題。

至於成交金額較大者，建議可以跟證券公司要求融券借券費減半，雖然一般在當沖時不收借券費，但有時融券放隔夜的借券費(賣出金額的萬分之八)也是一筆不少的成本，在這不景氣的年代，能省就省，畢竟省一塊錢就是賺一塊錢。

通常當沖客選擇證券公司應該要考量以下兩點：

1. 手續費：網路下單的手續費應該要越便宜越好，一般來講，規模越大的證券公司，其手續費較難殺價，小券商則因為要搶市占率，所以相對比較有殺價空間。

2. 融券配額：通常融券配額跟券商的規模有關，券商規模越大，融券配額也就越高，所以應該選擇規模較大的券商，才不至於發生欲融券時而無券可用的窘境，並且小券商較常發生系統不穩定的現象。通常市場上市占率較高的券商為元大、兆豐、富邦、群益、康合、永豐金……等證券公司。

因此，便宜手續費跟市占率高的券商是很難兩全其美的，為了感謝讀者的支持，筆者可代為介紹市場上規模數一數二的券商，除了手續費有特別優惠外，並且當沖免借券費。(如有需要可來信筆者電子信箱：sin1980a@yahoo.com.tw)

提高你的期望值

什麼是期望值呢？例如以樂透來講，你買了50元的樂透彩，雖然有可能中幾億，但其實你所花的50元中，有26元是政府與店家先拿走了，剩下的24元再拿來做獎金分配，作為頭獎、二獎、三獎……等，所以平均每買一張樂透彩，就等於現賠了26元，期望值為-26元，這種賭注是非常不公平的，我也就不會考慮了。

因此，只要期望值大於0的交易，就值得我出手，考量風險與利潤後，期望值越高就越有利，則單子就能下越大，所以我下的小單較容易賠錢原因就是這個賭注雖然是划算的，卻不是特別有把握之故。記住，每一筆交易都應該是期望值大於0時才值得你出手。

操作股票那麼多年，有賺錢也有賠錢的單子，賠錢當然不是掏錢出來嘆嘆氣就行了，最重要的是要讓自己賠的錢能夠學到東西或經驗。在股票市場裡，歷史常常重複，但人們卻總是犯同樣的錯。

所以每操作完一筆交易，我就會馬上寫下成功或失敗的原因，並且每隔幾天做一次檢討，否則很容易就會忘記，之後可能又會再犯同一個錯誤。買賣股票，經驗的累積是非常重要的，但很多人常常忽略了這一點。

以當沖來講，如果你有統計檢討，你就會發現其實自己出手的點或原因都是大同小異，哪些情況下容易賠錢、哪些情況下容易賺錢，有了統計後，你心中自然會對勝算有了底。

當沖的情緒管理

要長期成為當沖贏家，除了技巧外，情緒管理也是非常重要的。沒有人每次出手都穩賺不賠，但許多人當沖最常犯的一個錯誤就是，當發生一筆虧損的交易後，就急著想把虧損的部分賺回來，而結局通常是以失敗收場，並且越賠越多。

虧損後的心態調整是非常重要的，沒有人喜歡輸的感覺，所以發生虧損時，心態上總是希望能在下一筆交易賺回來，因此往往越下越大，當然並不是說下大注就容易賠，只是當你有想把虧損賺回來的念頭時，就容易違背自己平時的操作紀律，非要等到賺回了損失後才肯獲利了結，這樣就像是在賭博了。

另外，當虧損發生時也容易使自己不理性，在買進或賣出訊號還沒出現前，就急急忙忙的想盡快出手，賺回上一筆的損失，毫無疑問的當然會越賠越多。

交易了這麼多年，在每一筆當沖交易結束後，我並不會馬上計算剛才的交易賺了多少或賠了多少，我只需要大概知道是賺或賠就行了，並且立刻再進行下一筆交易，這樣才能避免患得患失。

通常在連續發生兩筆虧損交易後，不論金額多少，我當天的交易也就停止結束了，因為我知道再交易下去我的情緒將會受到影響。

陸、當沖的方法

一般人當沖，方法有以下幾種：

第一種：盤中時看著盤面，靠著自己的感覺或第六感，買進自己覺得會漲或放空自己覺得會跌的股票。

第二種：開盤買進股票，等到收盤最後一筆才賣出。

第三種：依照指標或技術分析，跌破時賣出，突破時買進。

第四種：主要以買進強勢股、指標股或放空弱勢股等操作方法。

以上四種方法大約為一般人當沖股票的方法，而勝算也是由低而高排列。

第一種方法為什麼勝算最低呢？那就要從主力的心態去探討了。

一支股票你覺得會漲或是將要漲了，這時你就去買進，但之後為什麼會賠錢呢？因為既然這檔股票透漏給你的是「我要漲了」的訊息，那麼其他投資人也看到這個資訊了，他們也會想買，為何還有人要賣呢？他們是笨蛋嗎？如果是笨蛋所為，這時的成交量應該只是幾張，而不會有幾百甚至幾千張的成交量出現。

再者，如果你是主力，你想賣股票給投資人，希望投資人來買，這時你要怎麼做呢？那就是讓投資人覺得這檔股票即將要漲，請君入甕，你說是吧！

那要如何讓投資人買得安心呢？一般散戶最喜歡看的就是委買、委賣的數量，往往覺得委買多，買得就安心，至少底下有支撐，而委賣多的就有壓力，股價容易跌。

其實這是很錯誤的觀念，當委買異常多時，這個資訊同一時間所有的投資人也都看到了，這時想買的散戶通常會把單子掛在大量委買的前面，該買的都會先跳進去買，畢竟下面價位有支撐，而要賣的散戶暫時就不會想賣，或把價位改成高一點再賣，因為委買還有那麼多。但你有想過一個問題嗎？這樣掛大單的特定人買得到股票嗎？「聰明」的散戶都知道將單子排在他的前面，而他這樣掛單是何居心呢？賣出的人會是誰呢？是傻瓜嗎？反之，當異常掛很多委賣時也是一樣。

但漲停板、跌停板等價位則是例外，因為這些價位本來就是委買、委賣會掛很多的價位，一般人委買、委賣都習慣掛這些價位和整數點關卡，所以有異常大量也算是正常的現象。

股票就是要探索「為什麼」？並且找出不合理的現象，再去分析推理，但所有的方法都是從「散戶永遠是輸家」變化來的。

第二種方法說穿了就是賭大小，毫無技術可言，再加上證交稅、手續費等成本，長期下來一定是賠錢的一方。

至於第三種方法，許多人買賣股票總是學了許多技術分析或技術指標等，這些有用嗎？我認為是沒有用的。關於技術分析，我已經在前文討論過了，所以不再贅述，不過假如能夠確實遵守指標操作，那就如同賭大小，因為不會受到盤面的氣氛影響，所以勝算會比第一種方法還要高，但長期下來也是虧錢的一方。

懂得使用第四種方法的人，想必在市場上的資歷與功力都非一般，在當沖市場裡算是高級班的使用方法了。然而，這個方法雖然可行，但是每個人使用的效果也不一樣，就像高級班裡有成績好也有成績不好的，但總歸來講，已經算是高手一族了。

一個成功的當沖者，其所使用的工具不能只限於某個方法，而是需要搭配其它方法才行。

》關於指標股

再來就是挑選指標股做為自己的觀察指標，並且盡量以這些指標股為當沖標的。何為指標股呢？每個人對指標股的定義不同，一般人喜歡挑成交量大的作為指標股，但筆者卻喜歡挑成交值大的股票，「股價×當日成交量」就是當日成交值，在聚財網的台股資訊裡就有每日的成交值排行榜了(http://stock.wearn.com/quav.asp)。

為什麼要挑成交值大的股票呢？因為成交值小的股票，往往一般散戶一筆幾十萬或幾百萬的單子就能影響其當日走勢，造成當沖者對情勢的誤判；成交值大的股票之走勢，區區幾十萬或幾百萬是無法影響的，所以能夠影響它的就不會是一般的散戶投資人了。指標股占大盤權重的比例不小，它足以影響大盤的漲跌，所以指標股要多挑幾檔，如此才有參考的意義。

除了挑成交值大的股票之外，另一個要點就是挑當日波動較大的股票，因為今天波動大的股票，往往波動幅度能夠延續到明日早盤。這些都是當沖前必須做的功課。

當沖實例一：

2008年09月18日，以昨日成交值大的強勢股作為今日的指標股。

9月17日成交值大的強勢股可以找出來觀察，如友達(2409)、奇美電(3009)、台積電(2330)、聯發科(2454)、宏達電(2498)、兆赫(2485)、瑞昱(2379)、元大金(2885)等。

友達(2409)9月17日走勢圖

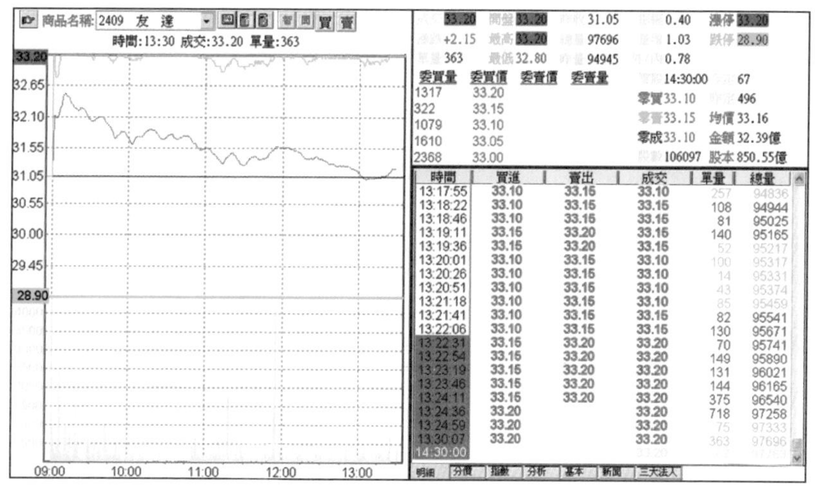

圖6-1

奇美電(3009)9月17日走勢圖

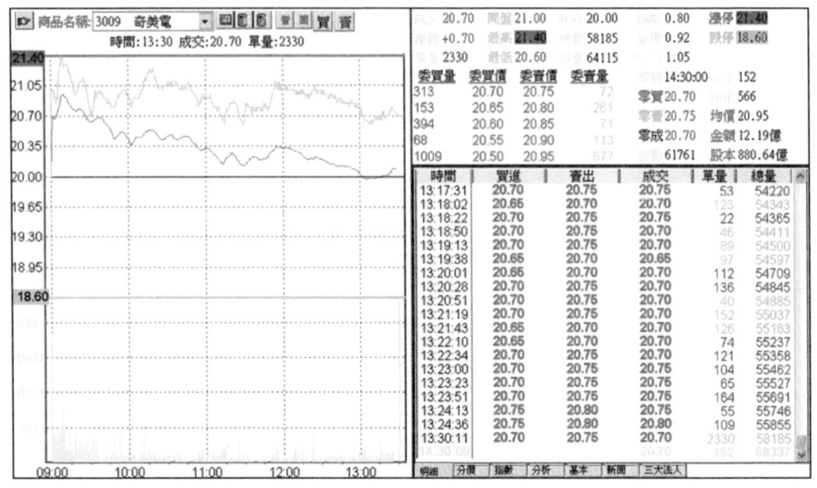

圖6-2

聯發科(2454)9月17日走勢圖

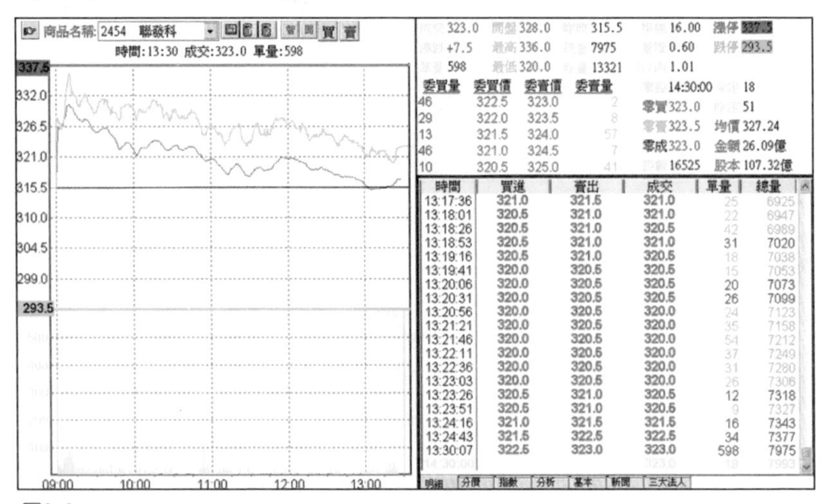

圖6-3

宏達電(2498)9月17日走勢圖

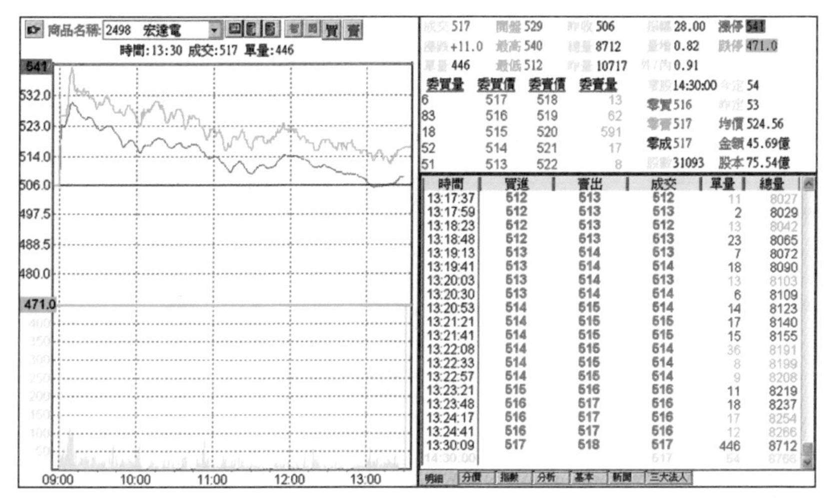

圖6-4

兆赫(2485)9月17日走勢圖

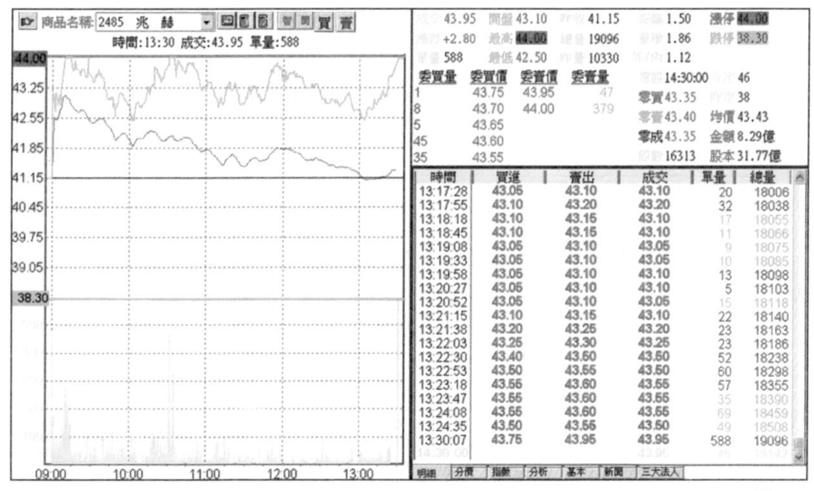

圖6-5

瑞昱(2379)9月17日走勢圖

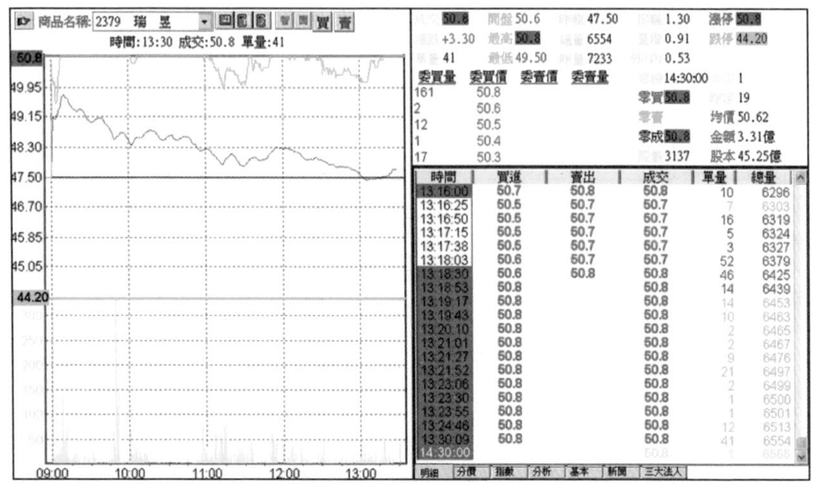

圖6-6

元大金(2885)9月17日走勢圖

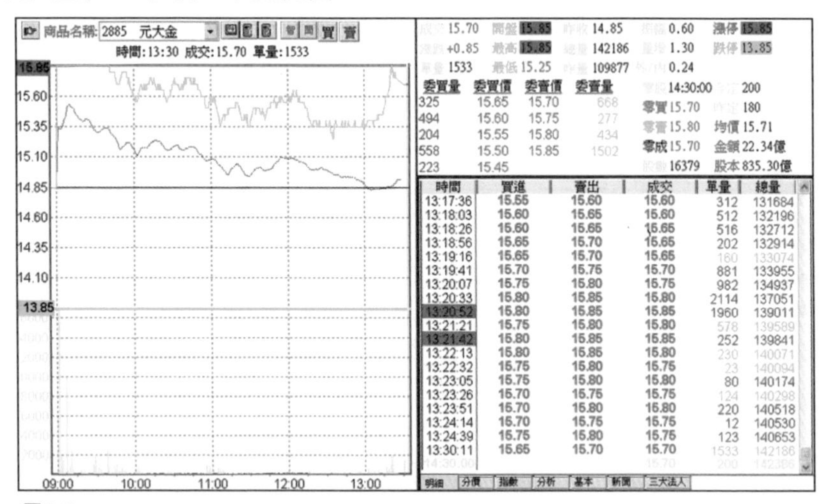

圖6-7

9月17日當天，大盤開高走低，當晚美股大跌，台股隔天開低已經是必然的事，假如9月18日開低走低，依照之前的反市場心理，我們應該能預測出盤中或尾盤將是對多頭有利的局面，畢竟兩天的走勢是不會一樣的。

9月18日大盤開低後一路走低，至10點20分時已經跌破早盤低點了，指標股除了群創(3481)與元大金(2885)比較弱勢，有急殺並跌破前波低點外，其餘個股都是相對抗跌且沒有破前波低，這就表示**指標股族群已經轉強了，一檔指標股並沒有代表性，但多檔指標股一起轉強那就不一樣了。**這時大盤急殺，它們轉強而相對抗跌，預告了稍後將帶領大盤反彈，這時出手作多並搭配當日大盤的規劃，贏面就會相對提高，但該買哪檔股票呢？

有兩種選擇：

第一種選擇是大盤下殺時，波動小的指標股就是所謂的強勢股，這時候買進強勢股的好處就是抗跌，看錯時停損賠的差價不多，但相對的，漲的時候可能無法漲得又急又快。

第二種就是下殺越多的指標股，代表它的波動大，等下跟著大盤反彈的幅度也越大，相對的看錯時賠得也多。

筆者選擇了第二種，在期貨急殺後止跌時買進了元大金(2885)。

雖然這波下殺再次破底的是元大金(2885)，但它在10點8分跌停鎖住後兩筆10點9分馬上再打開，此時大盤還在一路下殺，而它也止穩沒再跌停鎖死，透露出轉強的訊號。

於是跌停買進元大金(2885)300張，成交258張，之後元大金(2885)隨著大盤急拉反彈，筆者也在急拉時出光了元大金(2885)，這筆交易結算下來，總共獲利$60,000元左右。

至於為何只賺一小段就跑，不等到收盤再賣呢？筆者認為，畢竟現在指標股強不代表一定會強到收盤，有可能下次大盤再回檔時又跟著轉弱，若等到轉弱時再賣，價格一定也不好，這就有「跟它賭」的感覺了。當沖不是賭博，我們只需在有把握的時候交易就行了，畢竟沒人能完全預測出大盤走勢。

9月17日開高一路走低，而9月18日開低走低後，盤中拉高，尾盤再走低，這也符合兩天的走勢不會一模一樣的定律，所以並不是前一日開高走低，次日就一定非開低走高不可，也有可能開低走高之後再殺低。

9月18日大盤走勢圖

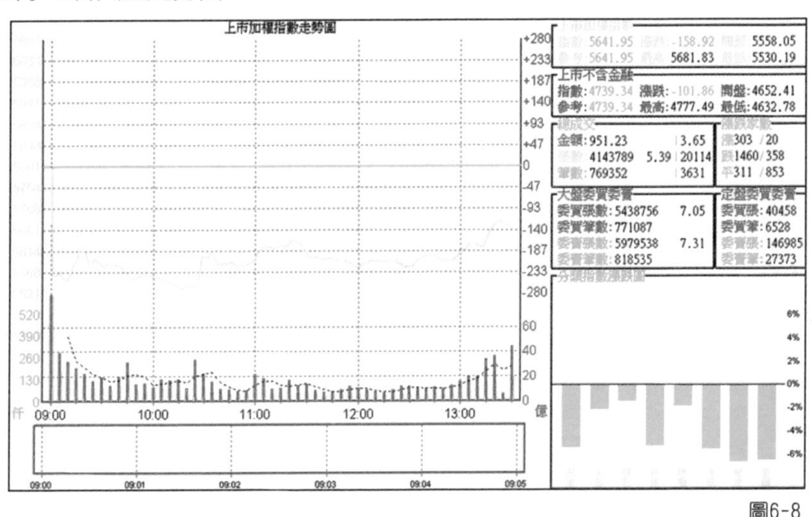

圖6-8

友達(2409)9月18日當日走勢圖

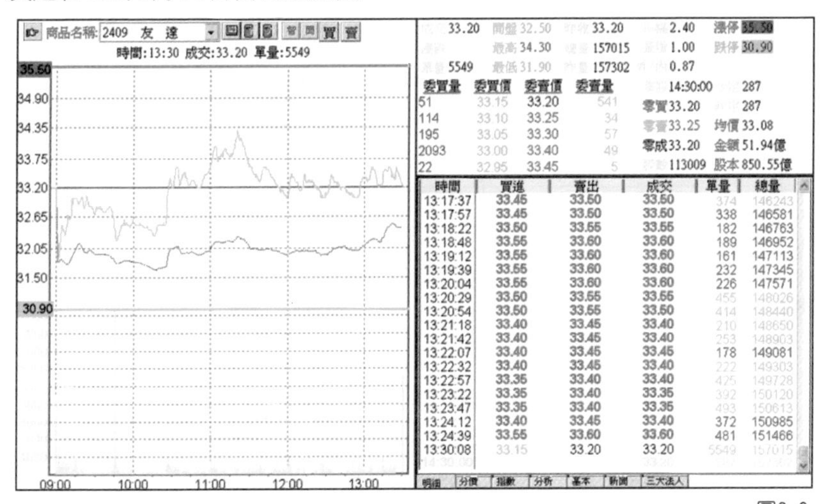

圖6-9

奇美電(3009)9月18日當日走勢圖

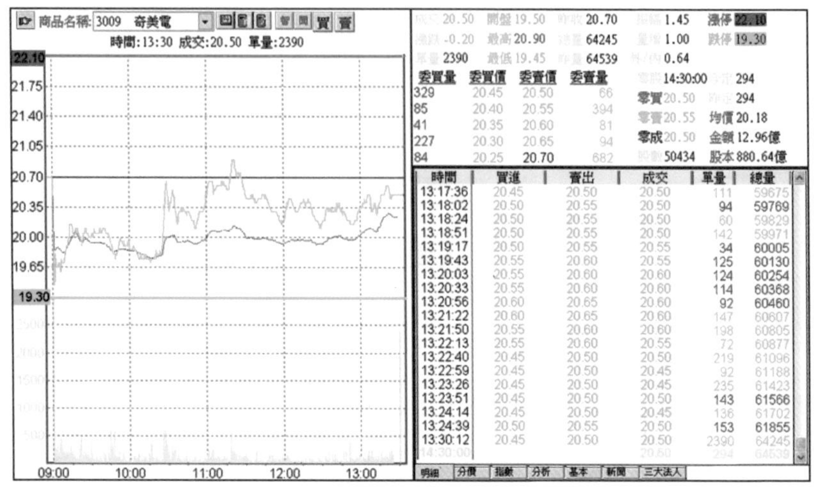

圖6-10

聯發科(2454)9月18日當日走勢圖

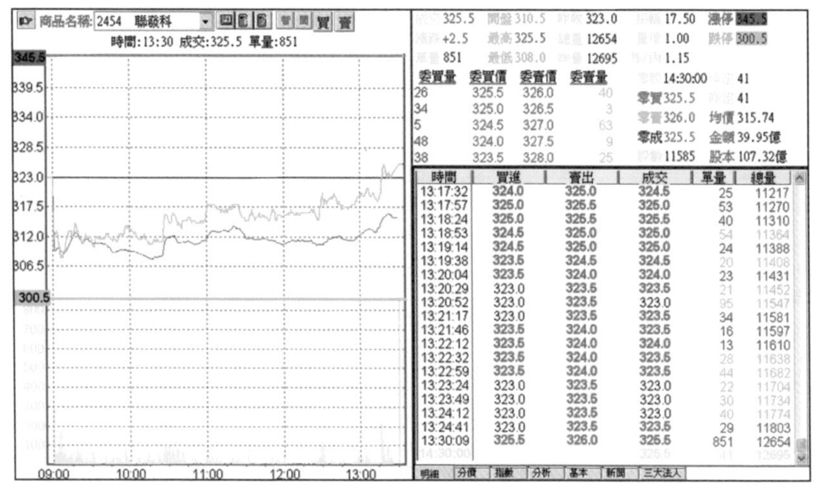

圖6-11

宏達電(2498)9月18日當日走勢圖

商品名稱: 2498 宏達電 買 賣

時間:13:30 成交:538 單量:743

553 544.0 535.0 526.0 517.0 508.0 499.0 490.0 481.0

09:00 10:00 11:00 12:00 13:00

538 開盤 499.0 517 47.00 漲停 553

+21.0 最高 539 15975 1.00 跌停 481.0

743 最低 492.0 16026 1.66

委買量	委買價	委賣價	委賣量
5	537	538	16
4	536	539	119
111	535	540	200
18	534	541	68
9	533	542	38

14:30:00 51

零買 536 51

零賣 537 均價 514.58

零成 536 金額 82.20億

33282 股本 75.54億

時間	買進	賣出	成交	單量	總量
13:17:36	533	534	534	54	14021
13:18:01	534	535	535	37	14058
13:18:24	535	536	535	99	14157
13:18:49	536	537	536	80	14237
13:19:14	537	538	537	97	14334
13:19:39	537	538	538	156	14490
13:20:06	537	538	538	107	14597
13:20:29	537	538	538	82	14679
13:20:56	537	538	538	64	14743
13:21:21	537	538	538	80	14823
13:21:46	538	539	539	54	14877
13:22:10	538	539	539	47	14924
13:22:36	538	539	539	55	14979
13:23:01	539	540	539	61	15040
13:23:26	538	539	539	65	15105
13:23:49	538	539	538	38	15143
13:24:16	537	538	538	47	15190
13:24:42	537	538	538	42	15232
13:30:09	537	538	538	743	15975
14:30:00			538	51	16026

明細 分價 指數 分析 基本 新聞 三大法人

圖6-12

兆赫(2485)9月18日當日走勢圖

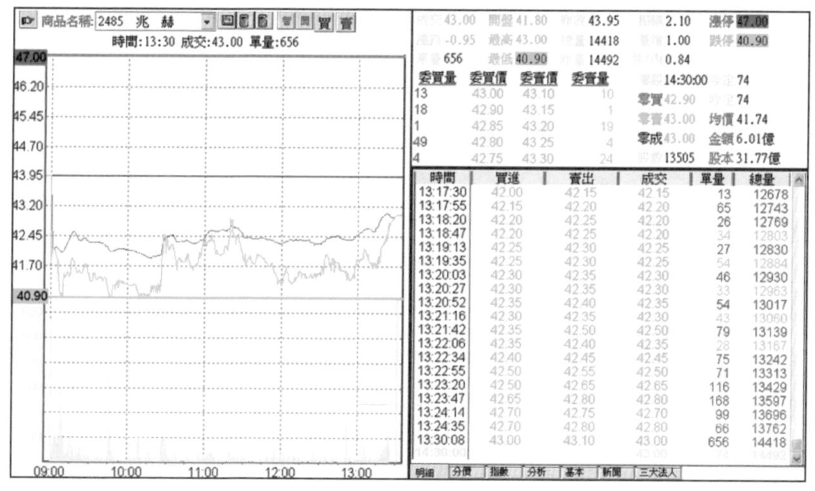

委買量	委買價	委賣價	委賣量
13	43.00	43.10	10
18	42.90	43.15	1
1	42.85	43.20	19
49	42.80	43.25	4
4	42.75	43.30	24

時間	買進	賣出	成交	單量	總量
13:17:30	42.00	42.15	42.15	13	12678
13:17:55	42.15	42.20	42.20	65	12743
13:18:20	42.20	42.25	42.20	26	12769
13:18:47	42.20	42.25	42.20	34	12803
13:19:13	42.25	42.30	42.25	27	12830
13:19:35	42.25	42.30	42.25	54	12884
13:20:03	42.30	42.35	42.30	46	12930
13:20:27	42.30	42.35	42.30	33	12963
13:20:52	42.35	42.40	42.35	54	13017
13:21:16	42.30	42.35	42.30	43	13060
13:21:42	42.35	42.50	42.50	79	13139
13:22:06	42.35	42.40	42.35	28	13167
13:22:34	42.40	42.45	42.45	75	13242
13:22:55	42.50	42.55	42.50	71	13313
13:23:20	42.50	42.65	42.65	116	13429
13:23:47	42.65	42.80	42.80	168	13597
13:24:14	42.70	42.75	42.70	99	13696
13:24:35	42.70	42.80	42.80	66	13762
13:30:08	43.00	43.10	43.00	656	14418
14:30:00			43.00	74	14492

圖6-13

元大金(2885)9月18日當日走勢圖

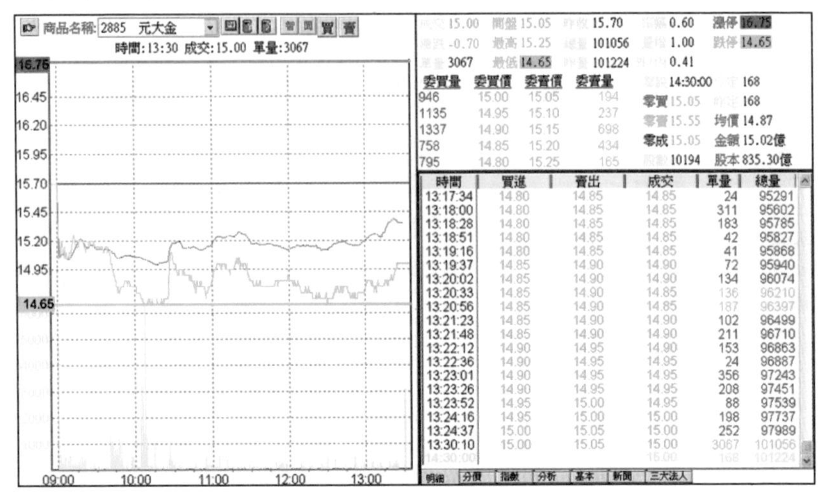

圖6-14

9月18日當日操作交割單

券交易 兆豐智庫 客戶維持率 金融帳號 憑證管理 買賣成數 帳務分析 訊息訂閱中心 使用說明

97/09/18	融資買進	2885元大金	108,000	14.65	$1,582,200	$2,254		$633,200	$949,000
97/09/18	融資買進	2885元大金	150,000	14.65	$2,197,500	$3,131		$879,500	$1,318,000
97/09/18	融券賣出	2885元大金	10,000	14.80	$148,000	$210	$444	$147,346	$133,200
97/09/18	融券賣出	2885元大金	88,000	14.85	$1,306,800	$1,862	$3,920	$1,301,018	$1,176,200
97/09/18	融券賣出	2885元大金	15,000	14.95	$224,250	$319	$672	$223,259	$201,900
97/09/18	融券賣出	2885元大金	15,000	15.10	$226,500	$322	$679	$225,499	$203,900
97/09/18	融券賣出	2885元大金	15,000	15.10	$226,500	$322	$679	$225,499	$203,900
97/09/18	融券賣出	2885元大金	40,000	15.10	$604,000	$860	$1,812	$601,328	$543,600
97/09/18	融券賣出	2885元大金	35,000	15.10	$528,500	$753	$1,585	$526,162	$475,700
97/09/18	融券賣	2885元	20,000	15.10	$302,000	$430	$906	$300,664	$271,800

圖6-15

當沖實例二：

前文所提的委買委賣異常也可用在當沖交易上。

時間:09:17 成交:16.90 單量:514

漲跌 +0.35	最高 16.90	總量 1610	量增 3.03	跌停 15.40
單量 178	最低 16.40	昨量 604	外/內 5.60	

委買量	委買價	委賣價	委賣量		
408	16.85	16.90	37	零股	今定 0
410	16.80	16.95	13	零買	昨定 72
405	16.75	17.00	9	零賣	均價 16.75
133	16.70	17.05	4	零成	金額 0.26億
151	16.65	17.10	8	股數	股本 9.20億

時間	買進	賣出	成交	單量	總量
09:10:22	16.50	16.60	16.50	2	207
09:11:42	16.50	16.55	16.55	1	208
09:12:02	16.55	16.60	16.55	1	209
09:12:22	16.60	16.70	16.60	124	333
09:12:42	16.65	16.70	16.70	158	491
09:13:02	16.65	16.70	16.70	47	538
09:13:22	16.70	16.75	16.75	131	669
09:13:42	16.70	16.75	16.75	21	690
09:14:02	16.70	16.75	16.75	41	731
09:14:22	16.70	16.75	16.75	45	776
09:14:42	16.70	16.75	16.70	19	795
09:15:02	16.70	16.75	16.70	29	824
09:15:22	16.70	16.75	16.70	10	834
09:15:42	16.70	16.75	16.70	41	875
09:16:02	16.75	16.80	16.75	39	914
09:16:22	16.80	16.85	16.80	3	917
09:16:42	16.80	16.85	16.85	179	1096
09:17:02	16.80	16.85	16.85	182	1278
09:17:22	16.85	16.90	16.90	154	1432
09:17:42	16.85	16.90	16.90	178	1610

明細 分價 指數 分析 基本 新聞 三大法人

圖6-16

以1439中和為例，從上圖可以很明顯的知道，委買5檔的委買量都是數百張計，而委賣5檔的賣量只有數十張甚至個位數，兩邊的差異非常明顯，這個時候去作多將是十分危險的。

大家或許覺得這個時間點將會非常安心，畢竟委買量有那麼多。不過在股市裡，散戶往往事與願違，所以在這個時間點上，筆者的操作反而和散戶相反，是去硬著頭皮融券放空。

至於最後是散戶勝還是筆者勝呢？讓我們來看看該股後續的發展。

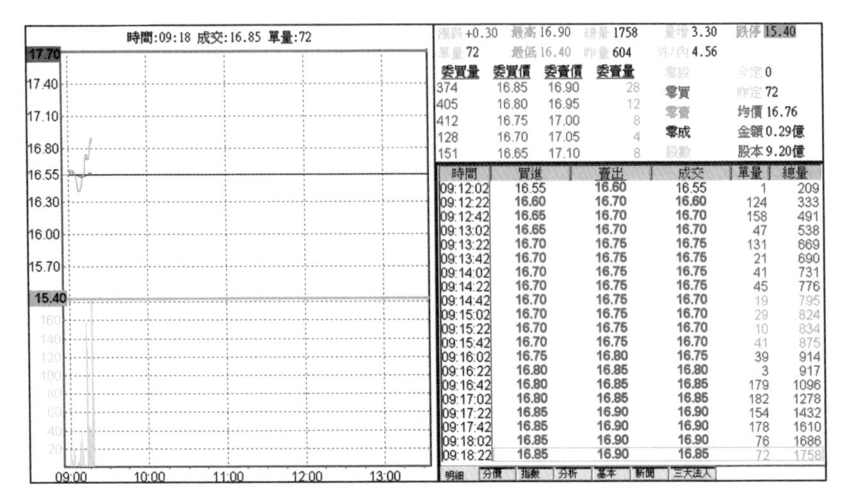

圖6-17

16.85開始有人賣出了72張，以散戶的立場來看，委買非常多是非常安全的，但事實上真是如此嗎？

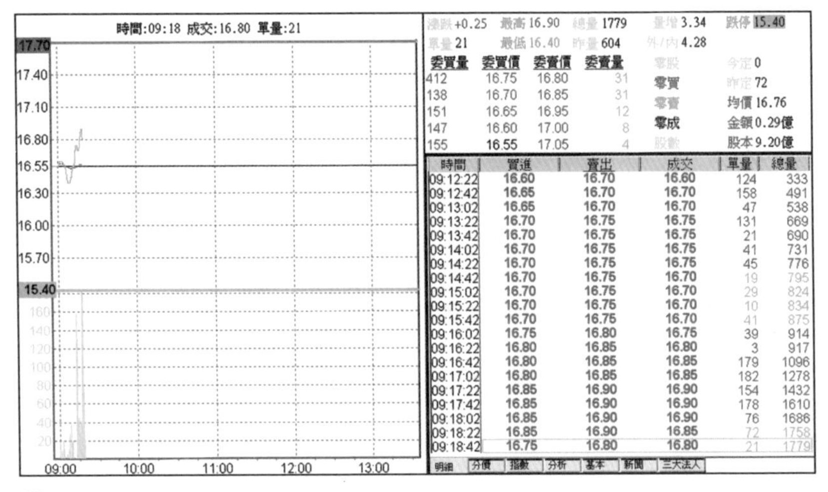

圖6-18

之前16.85與16.8要買進的700多張買單突然不見了！

時間:09:19 成交:16.75 單量:32

漲跌 +0.20　最高 16.90　總量 1811　量增 3.40　跌停 15.40

單量 32　最低 16.40　昨量 604　外/內 3.91

委買量	委買價	委賣價	委賣量
213	16.70	16.75	39
150	16.65	16.80	81
147	16.60	16.85	56
156	16.55	16.95	7
150	16.50	17.00	8

零股　零買　零賣　零成　股數

今定 0　昨定 72　均價 16.76　金額 0.30億　股本 9.20億

時間	買進	賣出	成交	單量	總量
09:12:42	16.65	16.70	16.70	158	491
09:13:02	16.65	16.70	16.70	47	538
09:13:22	16.70	16.75	16.75	131	669
09:13:42	16.70	16.75	16.75	21	690
09:14:02	16.70	16.75	16.75	41	731
09:14:22	16.70	16.75	16.75	45	776
09:14:42	16.70	16.75	16.70	19	795
09:15:02	16.70	16.75	16.70	29	824
09:15:22	16.70	16.75	16.70	10	834
09:15:42	16.70	16.75	16.70	41	875
09:16:02	16.75	16.80	16.75	39	914
09:16:22	16.80	16.85	16.80	3	917
09:16:42	16.80	16.85	16.85	179	1096
09:17:02	16.80	16.85	16.85	182	1278
09:17:22	16.85	16.90	16.90	154	1432
09:17:42	16.85	16.90	16.90	178	1610
09:18:02	16.85	16.90	16.90	76	1686
09:18:22	16.85	16.90	16.85	72	1758
09:18:42	16.75	16.80	16.80	21	1779
09:19:02	16.70	16.75	16.75	32	1811

17.70　17.40　17.10　16.80　16.55　16.30　16.00　15.70　15.40

09:00　10:00　11:00　12:00　13:00

明細　分價　指數　分析　基本　新聞　三大法人

圖6-19

16.75的400多張委買也開始不見了，這就非常明顯了，那些異常數百的委買單子只是虛掛而已，目的當然就是要騙散戶們進去追。

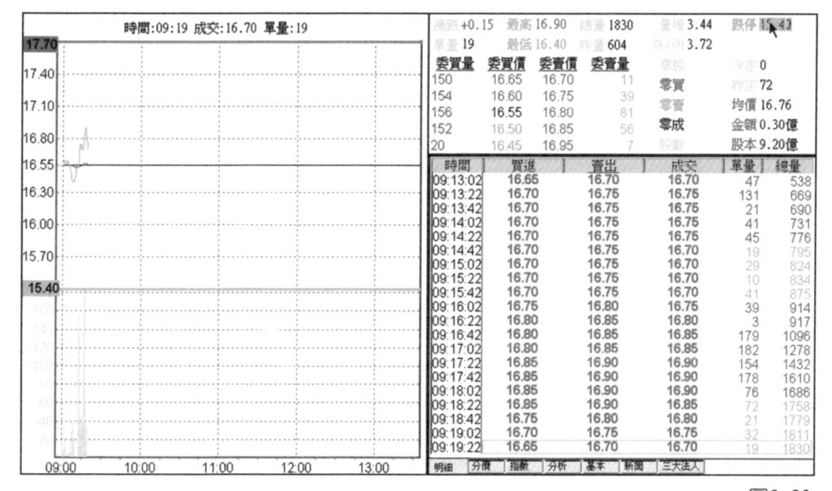

時間:09:19 成交:16.70 單量:19

漲跌 +0.15　最高 16.90　總量 1830　量增 3.44　跌停 15.40

單量 19　最低 16.40　昨量 604　外/內 3.72

委買量	委買價	委賣價	委賣量
150	16.65	16.70	11
154	16.60	16.75	39
156	16.55	16.80	81
152	16.50	16.85	56
20	16.45	16.95	7

零股　零買　零賣　零成　股數

今定 0　昨定 72　均價 16.76　金額 0.30億　股本 9.20億

時間	買進	賣出	成交	單量	總量
09:13:02	16.65	16.70	16.70	47	538
09:13:22	16.70	16.75	16.75	131	669
09:13:42	16.70	16.75	16.75	21	690
09:14:02	16.70	16.75	16.75	41	731
09:14:22	16.70	16.75	16.75	45	776
09:14:42	16.70	16.75	16.70	19	795
09:15:02	16.70	16.75	16.70	29	824
09:15:22	16.70	16.75	16.70	10	834
09:15:42	16.70	16.75	16.70	41	875
09:16:02	16.75	16.80	16.75	39	914
09:16:22	16.80	16.85	16.80	3	917
09:16:42	16.80	16.85	16.85	179	1096
09:17:02	16.80	16.85	16.85	182	1278
09:17:22	16.85	16.90	16.90	154	1432
09:17:42	16.85	16.90	16.90	178	1610
09:18:02	16.85	16.90	16.90	76	1686
09:18:22	16.85	16.90	16.85	72	1758
09:18:42	16.75	16.80	16.80	21	1779
09:19:02	16.70	16.75	16.75	32	1811
09:19:22	16.65	16.70	16.70	19	1830

圖6-20

股價一路跌，且主力虛掛的委買單一路消失不見。

時間:09:19 成交:16.65 單量:20

漲跌+0.10 最高16.90 總量1850 量增3.48 跌停15.40
單量20 最低16.40 昨量604 外/內3.53

委買量	委買價	委賣價	委賣量		
				零股	今定0
93	16.65	16.70	13	零買	昨定72
154	16.60	16.75	39	零賣	均價16.76
156	16.55	16.80	50	零成	金額0.31億
151	16.50	16.85	56		
21	16.45	16.95	8	股數	股本9.20億

時間	買進	賣出	成交	單量	總量
09:13:22	16.70	16.75	16.75	131	669
09:13:42	16.70	16.75	16.75	21	690
09:14:02	16.70	16.75	16.75	41	731
09:14:22	16.70	16.75	16.75	45	776
09:14:42	16.70	16.75	16.70	19	795
09:15:02	16.70	16.75	16.70	29	824
09:15:22	16.70	16.75	16.70	10	834
09:15:42	16.70	16.75	16.70	41	875
09:16:02	16.75	16.80	16.75	39	914
09:16:22	16.80	16.85	16.80	3	917
09:16:42	16.80	16.85	16.85	179	1096
09:17:02	16.80	16.85	16.85	182	1278
09:17:22	16.85	16.90	16.90	154	1432
09:17:42	16.85	16.90	16.90	178	1610
09:18:02	16.85	16.90	16.90	76	1686
09:18:22	16.85	16.90	16.85	72	1758
09:18:42	16.75	16.80	16.80	21	1779
09:19:02	16.70	16.75	16.75	32	1811
09:19:22	16.65	16.70	16.70	19	1830
09:19:42	16.65	16.70	16.65	20	1850

明細 分價 指數 分析 基本 新聞 三大法人

圖6-21

時間:09:20 成交:16.60 單量:31

漲跌+0.05 最高16.90 總量1881 量增3.54 跌停15.40
單量31 最低16.40 昨量604 外/內3.28

委買量	委買價	委賣價	委賣量		
				零股	今定0
83	16.60	16.70	13	零買	昨定72
156	16.55	16.75	39	零賣	均價16.75
152	16.50	16.80	50	零成	金額0.31億
21	16.45	16.85	56		
66	16.40	16.95	8	股數	股本9.20億

時間	買進	賣出	成交	單量	總量
09:13:42	16.70	16.75	16.75	21	690
09:14:02	16.70	16.75	16.75	41	731
09:14:22	16.70	16.75	16.75	45	776
09:14:42	16.70	16.75	16.70	19	795
09:15:02	16.70	16.75	16.70	29	824
09:15:22	16.70	16.75	16.70	10	834
09:15:42	16.70	16.75	16.70	41	875
09:16:02	16.75	16.80	16.75	39	914
09:16:22	16.80	16.85	16.80	3	917
09:16:42	16.80	16.85	16.85	179	1096
09:17:02	16.80	16.85	16.85	182	1278
09:17:22	16.85	16.90	16.90	154	1432
09:17:42	16.85	16.90	16.90	178	1610
09:18:02	16.85	16.90	16.90	76	1686
09:18:22	16.85	16.90	16.85	72	1758
09:18:42	16.75	16.80	16.80	21	1779
09:19:02	16.70	16.75	16.75	32	1811
09:19:22	16.65	16.70	16.70	19	1830
09:19:42	16.65	16.70	16.65	20	1850
09:20:02	16.60	16.70	16.60	31	1881

明細 分價 指數 分析 基本 新聞 三大法人

圖6-22

所以在股市裡，當你覺得越安全的地方就是最危險的，最危險的地方反而越安全。

柒、違反人性的行為——停損

停損的重要性人人都知道，但有幾人能時時停損呢？原因很簡單，因為停損違反人性，只要停損就等於宣告賠錢，所以沒有停損就還有機會不賠錢。

有人買股票賠錢後捨不得停損，轉而打算長期投資，並且會說「只要沒有賣就不算賠」，同時還舉出許多長期投資才能致富的道理。沒錯！這句話說得很對，「只要不賣就不算賠」，不過在你說這句話的同時，必須仔細想想你在未來幾十年有沒有可能用到這一筆錢？你的信念會不會改變？會不會受不了未來的持續下跌而賣出持股？

通常股價的最低點都是大部分人忍受不了長期下跌、紛紛賣出持股的時候，那種情況就不是停損，而是認賠殺出了。

許多專家常常將停損的重要性掛在嘴邊，有些人會建議以購買價的5%做停損，有人則建議10%，我覺得以多少百分比做停損是沒有意義的，如果你以5%停損，但股價也可能跌到6%後就開始大漲，這時你會吐血吧？所以一般人捨不得停損也是因為怕股票賣了之後就開始上漲。

我認為在作任何一筆交易前，**首先必須想到的就是最壞的打算，先確定自己未來所能忍受的最大虧損，並以此為前提入市購買**。同時，**在你買進的理由消失之後就該停損**，不一定非要等到股價下跌幾%才執行這個動作，畢竟當你需要執行停損的時候，代表股價也已經下跌了一段，隨時醞釀著反彈。

不論在任何狀況下，我很忌諱在股價已經下跌一段的時候，跟著殺出股票，在買進的理由未消除之前，除非已經超出自己能忍受的範圍，不然因為已經下跌了一段，也代表著恐慌的開始，基本上至少也等反彈再賣出吧！

因此，我經常在買進股票幾分鐘後，又在同樣的價位賣出股票，常常因此賠了許多手續費與交易稅，不過也因為這樣，我很少出現大額的虧損。

過去我有許多交易是因為看好未來幾分鐘要上漲，所以才買進，但幾分鐘後卻沒有如預期的上漲，在買進的理由已經消失的同時，不論這時是賺錢或賠錢，都應該馬上執行下車停利、停損，以防下一分鐘可能的下殺。

所以就算停損後股價上漲了，我也不會因此而難過，因為我知道如果再繼續持有，那就是「**賭博**」，因為賭博而賺到的錢，我並不會開心，那代表的只是一時運氣好，並不是看法跟做法正確。在爾虞我詐的股市裡，若只靠好運氣，總有一天會被市場吞噬，**就如同在牌桌上沒人能永遠摸到一手好牌，如果打牌只等鴻運當頭拿好牌，那這場牌局你有多少勝算呢？請務必三思！**

股市沒有專家

只有**贏家**與輸家

捌、以主力的心態思考

什麼是主力的心態呢——假設你是主力，準備操作拉抬一檔股票時，會希望進來的散戶越來越少；而你在高檔出清股票時，則會希望進來承接的散戶越來越多。要怎麼做才可以達到此目的呢？

舉例來說：

以大毅(2478)2007年3、4月有名的軋空秀為例，因為其召開股東會的關係，使得融券必須在4月9日之前完全回補，因此造成它從30幾元，一路飆漲至4月2日當天漲停一價到底196.5元。

請讀者仔細看下表停資停券日期，並且想想：軋空將軋到哪一天呢？此時從4月2日到4月9日中間的交易日，因為清明連續假日的關係，只剩下4月3日、4月4日與4月9日三天，融券必須在4月9日前強制回補。

股票名稱	停券日	最後回補日	停資日	恢復日(除權日)
大毅	2007/04/03	2007/04/09	2007/04/09	2007/04/11

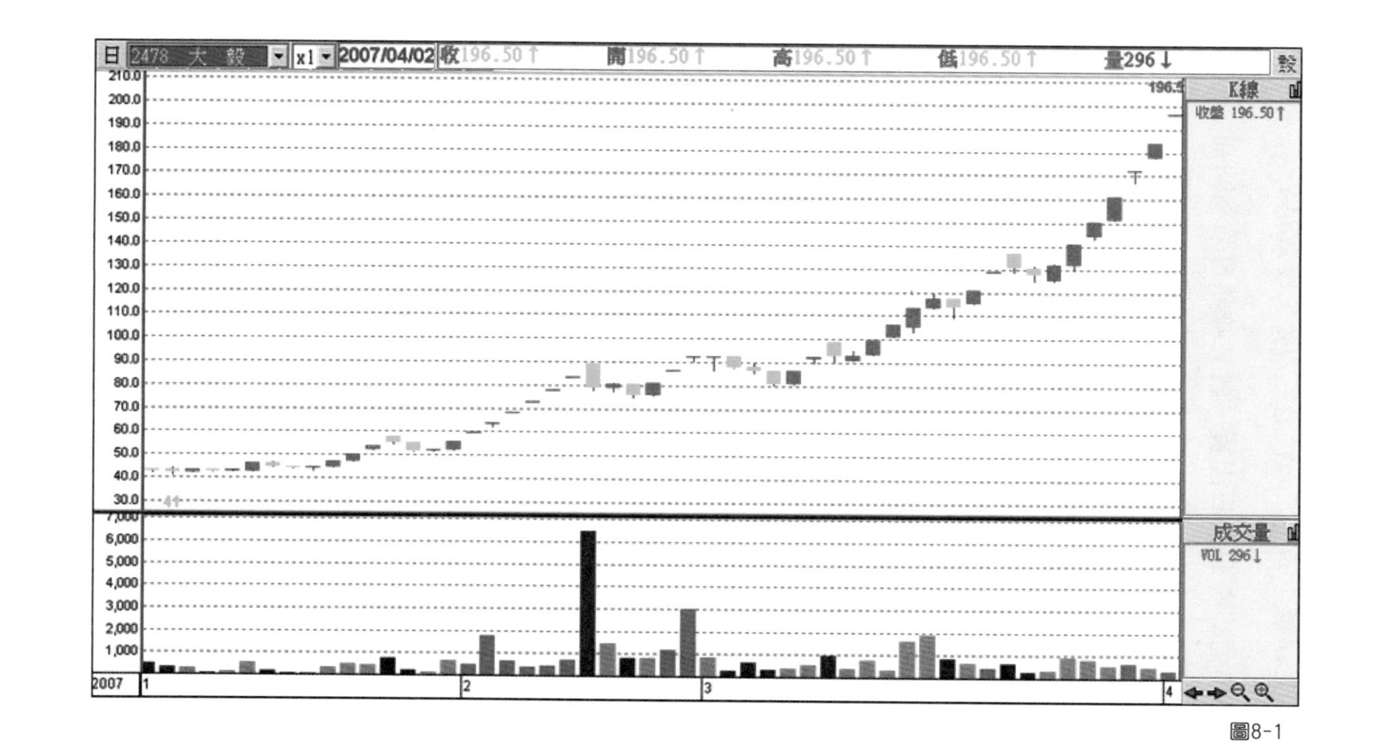

圖8-1

基本上，大家都會預期主力將軋空至4月9日，到時主力可以將貨倒給強制回補的空單。

但筆者卻是這樣想的：如果我是主力要怎麼做呢？

1. 如果我是主力，在4月9日出貨，融券雖然會強制回補，但卻會有更多持有大毅(2478)的散戶在那天賣出，且當天將沒有散戶敢進來買，因為大家都預期了4月9日主力將出貨而開高走低，而當天融資也是停資的。

2. 如果我是主力，在4月4日出貨，融券也是一樣會急著想回補，因為再隔一天4月9日就要強制回補了，所以融券在開盤前就會掛漲停板買進，深怕買不到；而且會有更多自作聰明的散戶會想趁著軋空，在4月3日、4月4日開盤前掛漲停板買進，到4月9日再賣出，賺一、兩支漲停，且4月4日還沒停資，提供了散戶用融資買進的機會。

   況且現在價格已經炒得如此高了，**主力最關心的問題並不是有沒有把貨丟在最高點，而是在高點附近有沒有散戶進來接手**。所以雖然晚一天，於4月9日出貨可以多賺一根漲停，但有多少散戶會進來買呢？

3. 如果我是主力，在4月3日出貨，融券回補的力道可能沒那麼強，因為還有兩天才要強制回補，且當天4月3日融券還沒停券，在那天出貨有融券加空的賣壓。

正解是2。如下圖所示，最高點開高走低為4月4日。

大毅(2478)4月2日當日走勢圖

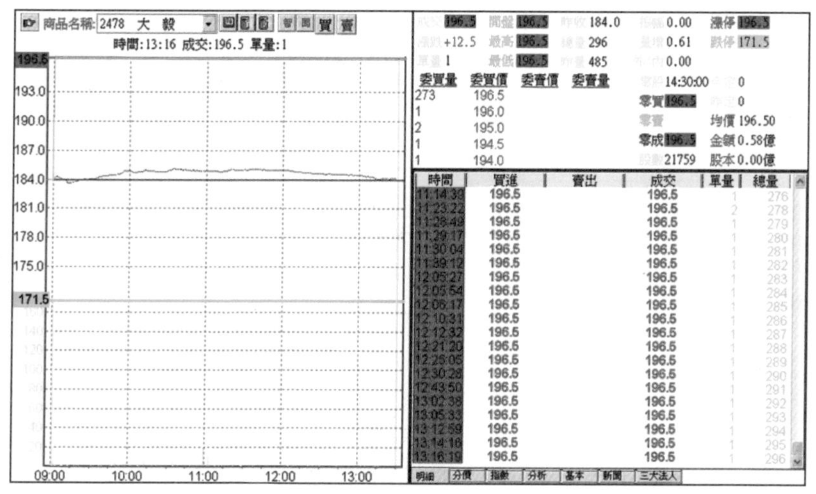

圖8-2

大毅(2478)4月3日當日走勢圖

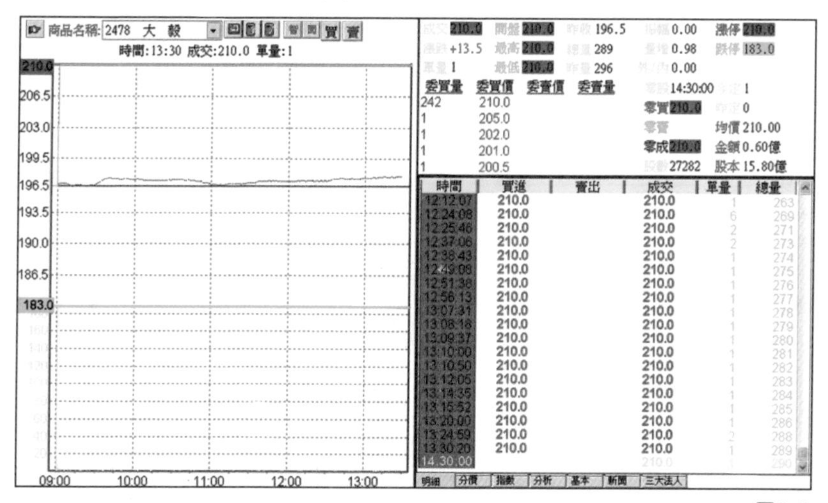

圖8-3

大毅(2478)4月4日當日走勢圖

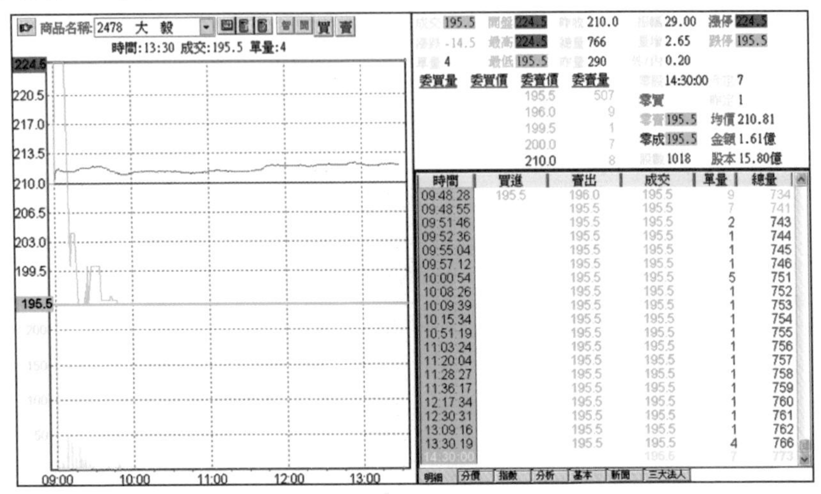

圖8-4

大毅(2478)4月9日當日走勢圖

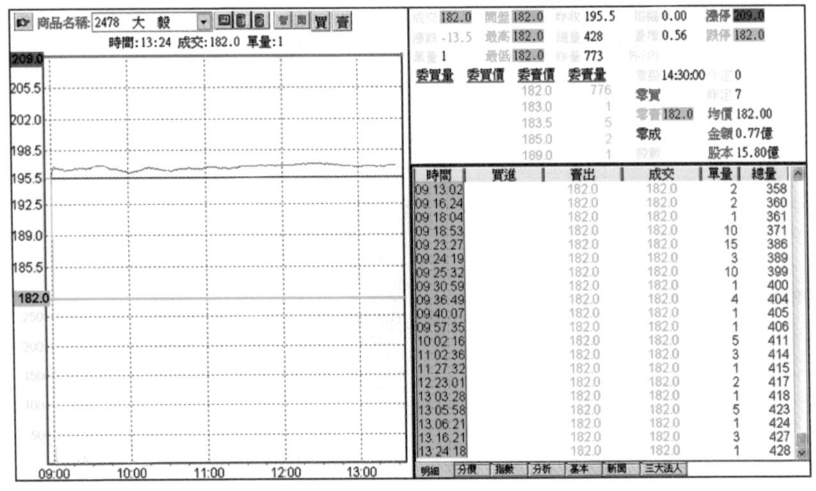

圖8-5

大毅(2478)日K線圖

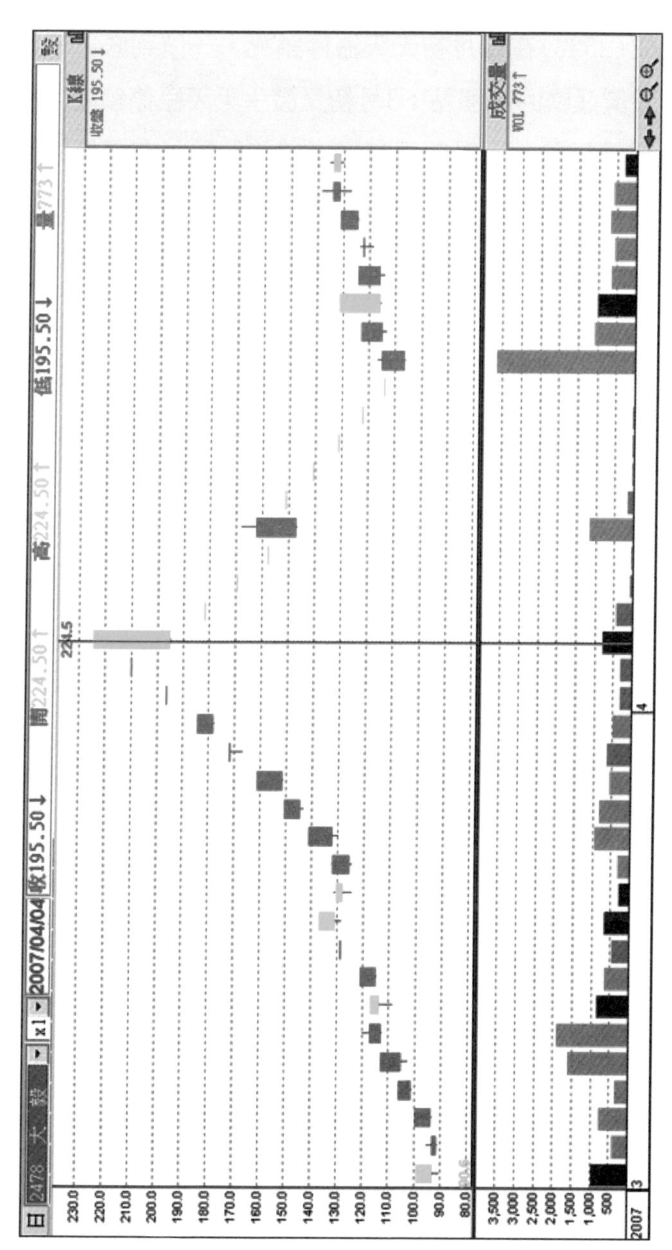

圖8-6

例如昱成(2533)在12月初天天漲停鎖死，一價到底，等到漲停打開後，股價又跌回起漲點；3月初又發生天天漲停鎖死，一價到底，之後漲停打開，一般散戶有了之前的印象，在漲停打開時當然不敢再買進，並且更多散戶持有者也會賣出持股，深怕如同上次一樣又跌回起漲點；**不過，以大多數散戶的想法操作股票一定是錯誤的。**

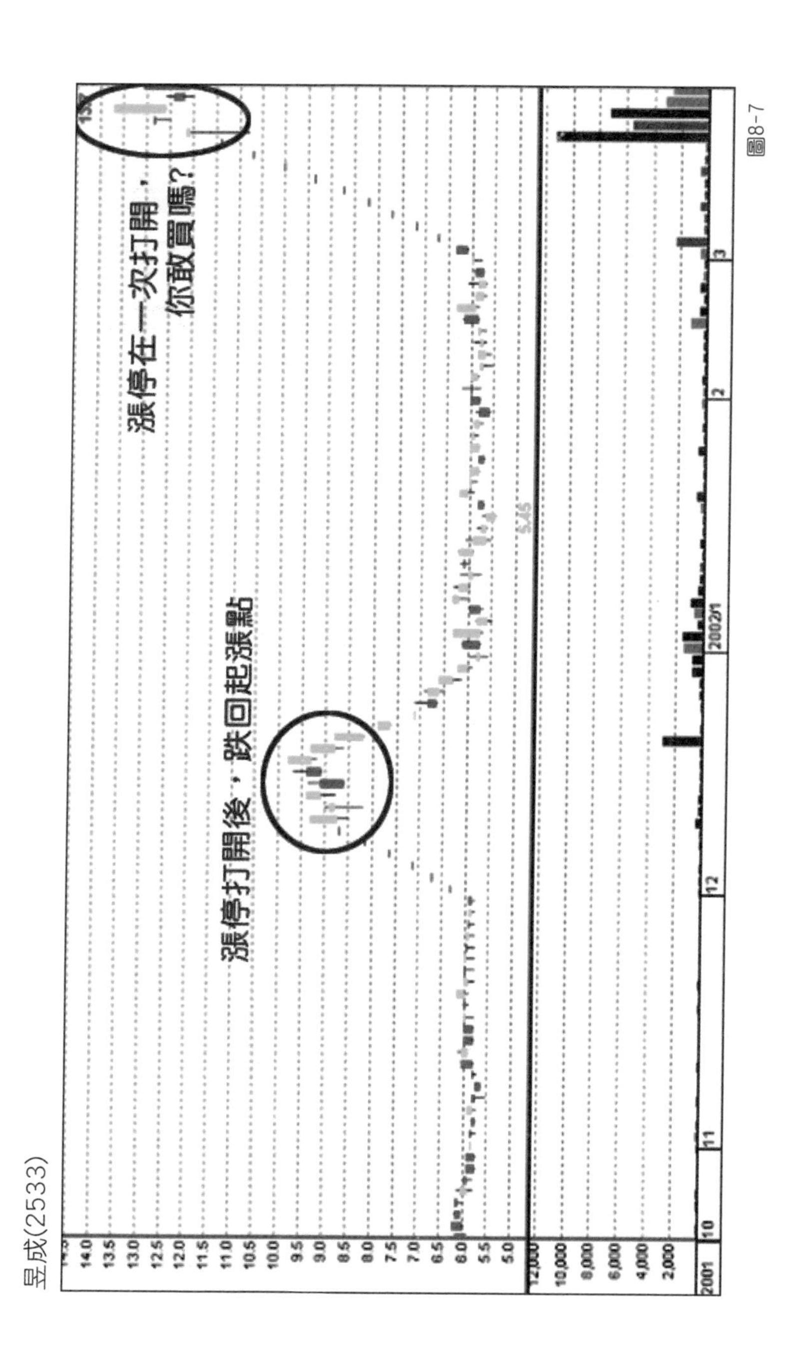

圖8-7

主力成功洗盤後，之後股價又繼續大漲，而散戶當時賣出去的價位也只是個起漲點。

昱成(2533)歷史K線圖

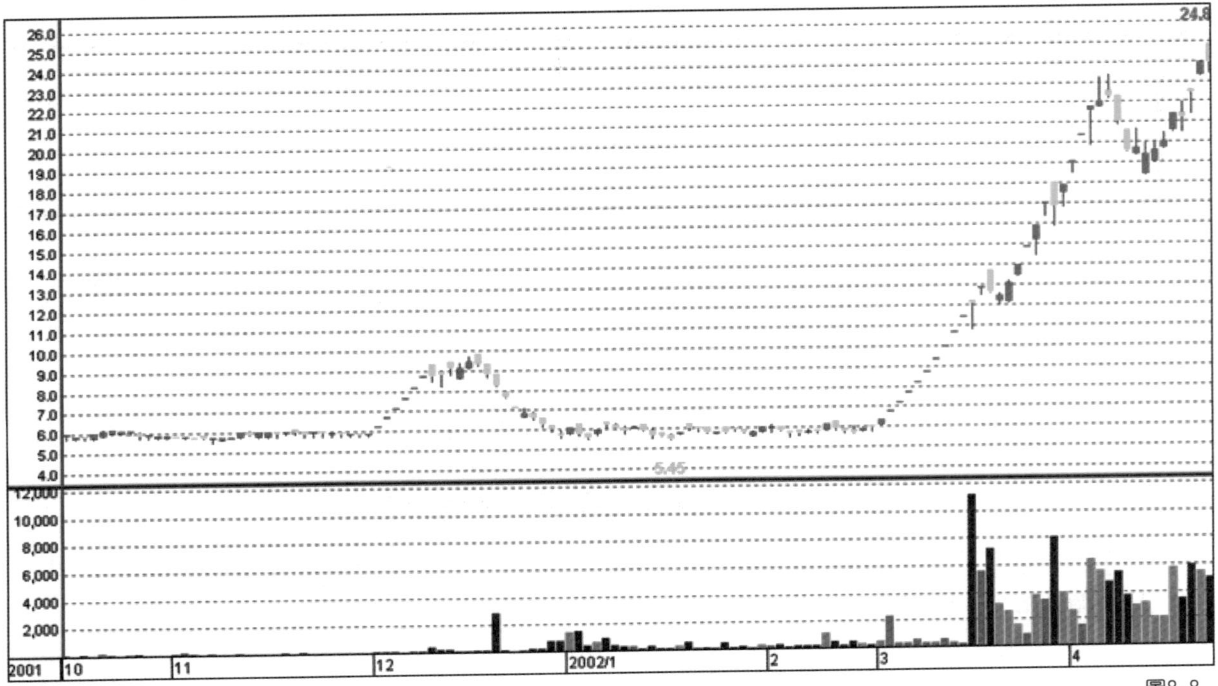

圖8-8

許多股票在上漲或下跌前，都會出現徵兆，**一個成功的投資人在股市裡不會打沒把握的仗**，因此我們只需要在出現明顯徵兆時，再去判斷多或空即可，並不需要時時出手。

以佳鼎(5318)為例，它從0.33元的價位天天跌停，一路跌至最低點0.14元左右，筆者在11月24日於0.15元的價位買進110張；12月12日於0.23元賣出45張；0.27元出清剩下的65張，短短一個月的時間，獲利七成。

如何知道何時才是買點呢？如果讀者仔細觀察下圖最低點前幾日之當日走勢圖就可以發現，它天天跌停時並不是一價到底鎖住的，並且從11月18日開始，每日都有一百多張的成交量。

這就表示了那幾天進去搶進的人都套牢了，當日買進，隔天的結果就是又跌停；連續幾天後，想進去搶反彈的散戶也就不敢再進去搶了，並且極有可能受不了天天跌停，最後反手停損殺出。

從持有此股票的散戶角度來思考，股價天天跌停時，卻不是都鎖住讓你賣不掉的，所以你今天沒賣，隔天就又跌停。如此幾天後，散戶持有者將受不了而想殺出。

就這樣到了11月24日，當天出了四百多張的大量，大量就表示賣方賣出的多，並且買方買進的也多。我們從前面可以判斷，這四百多張的賣方應該是以散戶殺出的成分居多；相對的，買方也不會是散戶所為。因為該股成交量並不大，故當天筆者只買進

110張，然後在12月17日當天賣出持股，賣出的原因很簡單——當天也爆大量了。

筆者並不是說低檔爆大量就代表主力進貨，高檔爆大量就是主力出貨，而是要判斷：爆大量時，散戶買進的成分居多或是賣出的成分居多。

該股前幾天皆為一價到底，漲停鎖住，而12月16日晚上美股大漲，故12月17日當天大盤開盤也將大漲。

在預期指數大漲當天，散戶總是特別喜歡開盤前就去掛單追進天天漲停的股票，他們心裡會覺得，這樣搶進漲停板才安全；相對的，主力也特別喜歡在這一天出貨。而另一個很重要的因素就是，從12月16日主力進出表可以發現，買進的券商家數與前幾天相比增加了好幾倍，這代表散戶的參與度增加了許多。這一點就要從籌碼面中探討了，將在下一章節做詳細的說明。

佳鼎(5318)日K圖

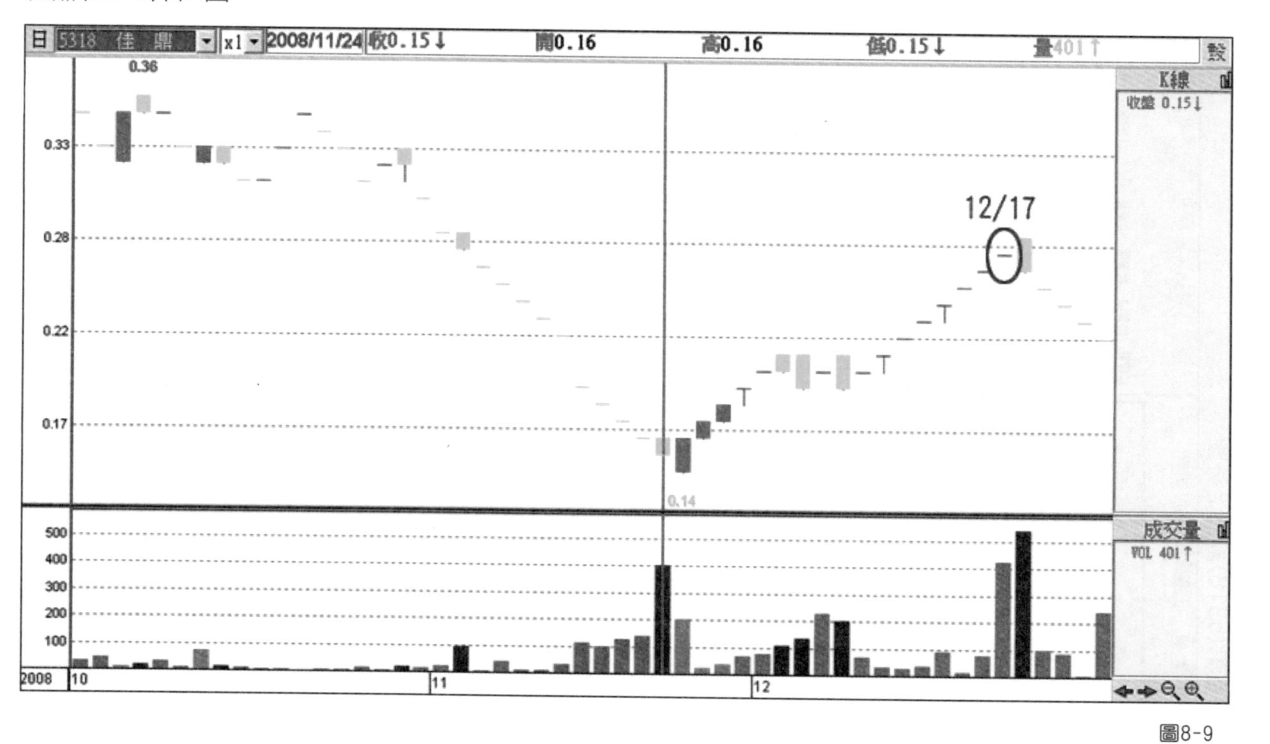

圖8-9

11月17日佳鼎(5318)當日走勢圖

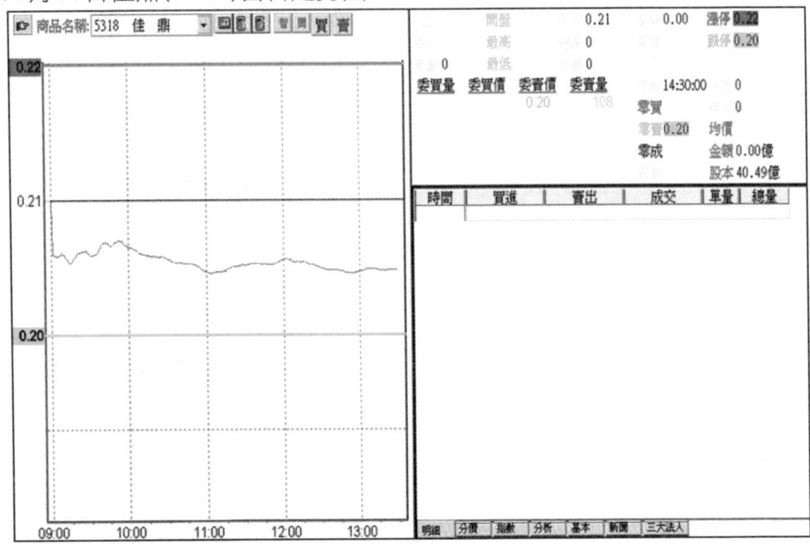

圖8-10

11月18日佳鼎(5318)當日走勢圖

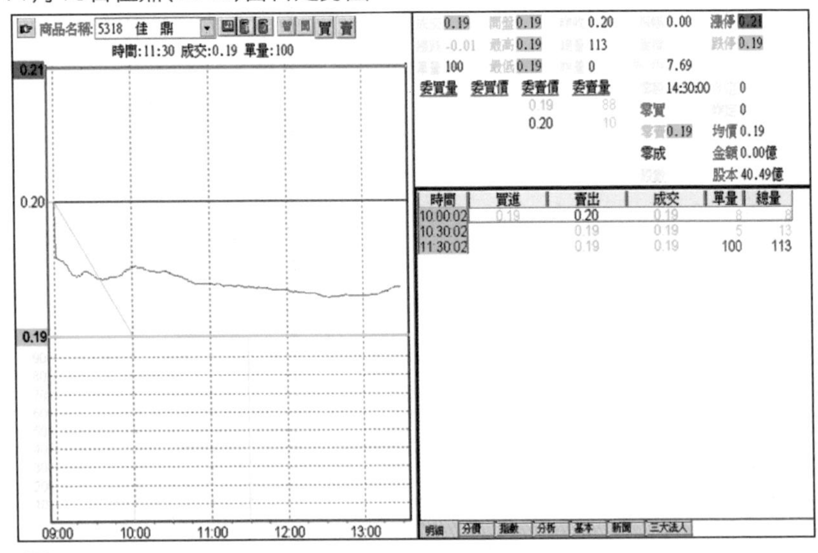

圖8-11

11月19日佳鼎(5318)當日走勢圖

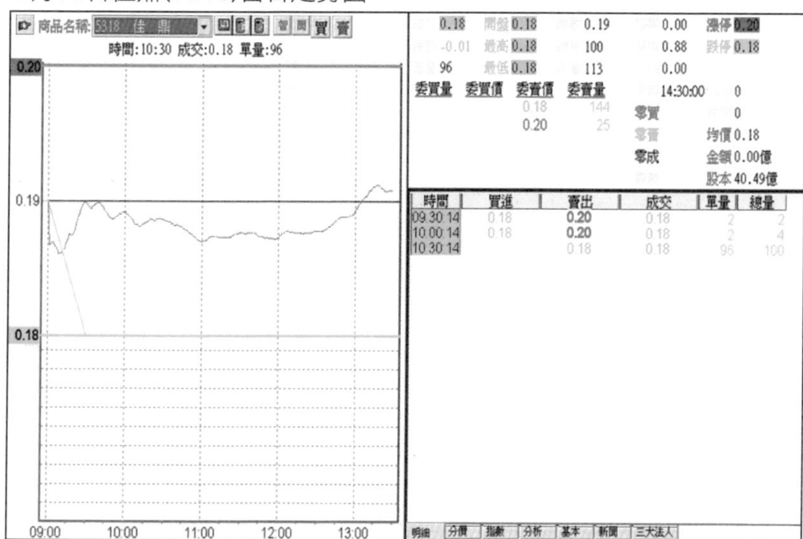

圖8-12

11月20日佳鼎(5318)當日走勢圖

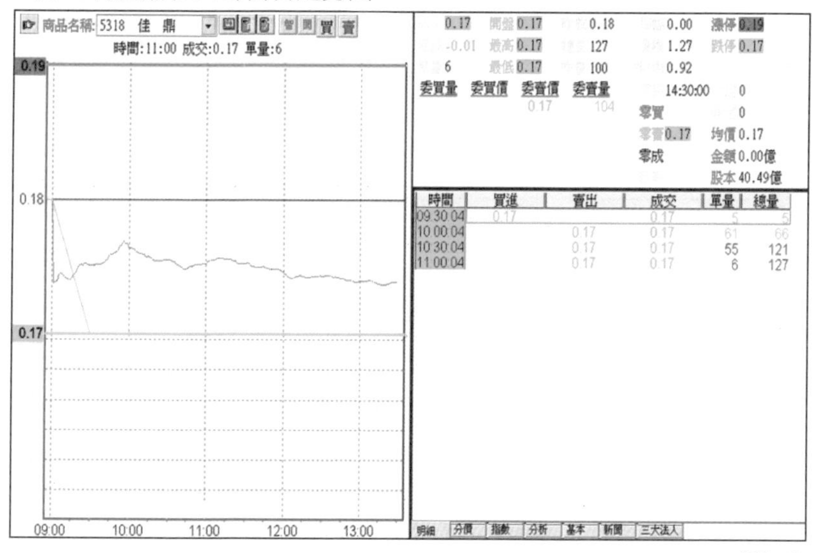

圖8-13

11月21日佳鼎(5318)當日走勢圖

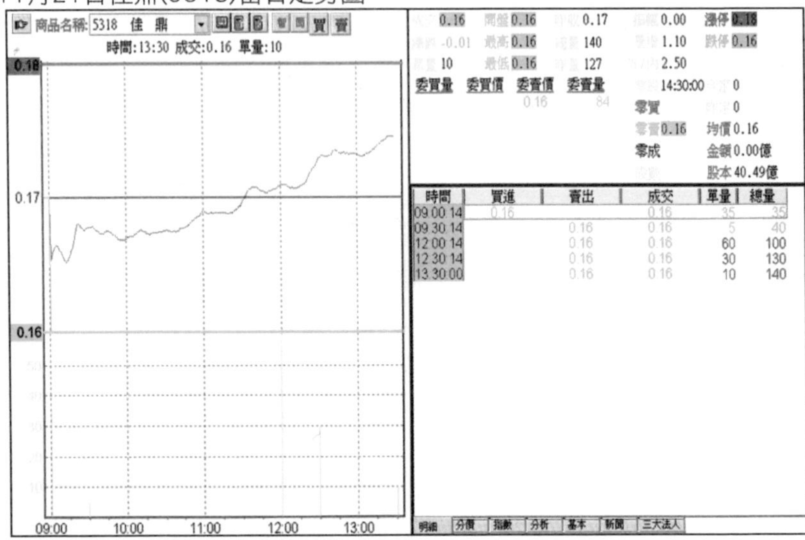

圖8-14

11月24日佳鼎(5318)當日走勢圖

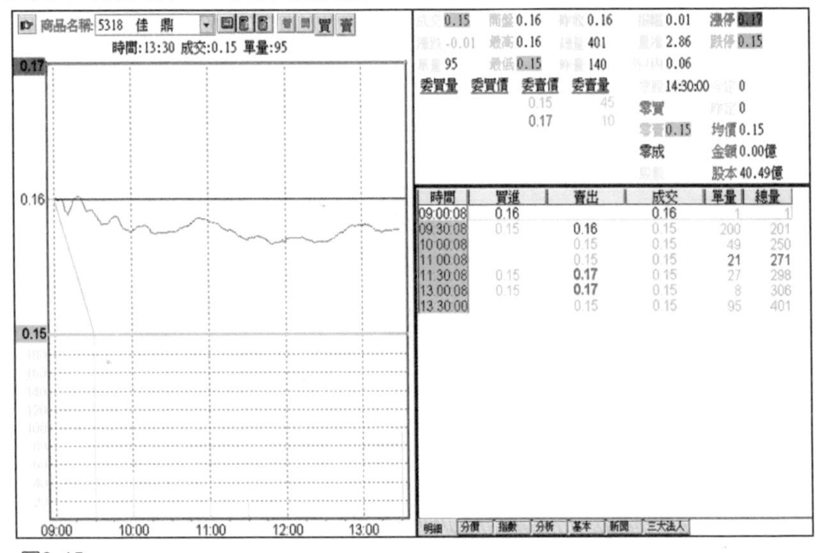

圖8-15

11月25日佳鼎(5318)交割單當日走勢圖

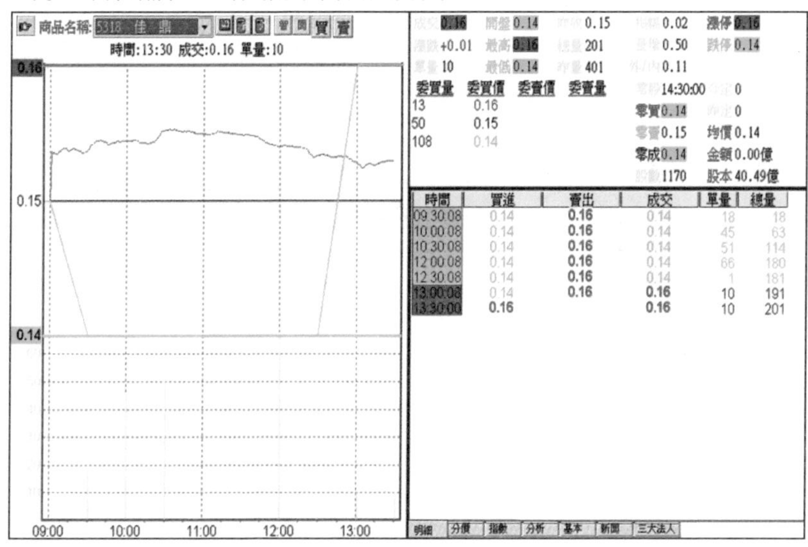

圖8-16

12月17日佳鼎(5318)當日走勢圖

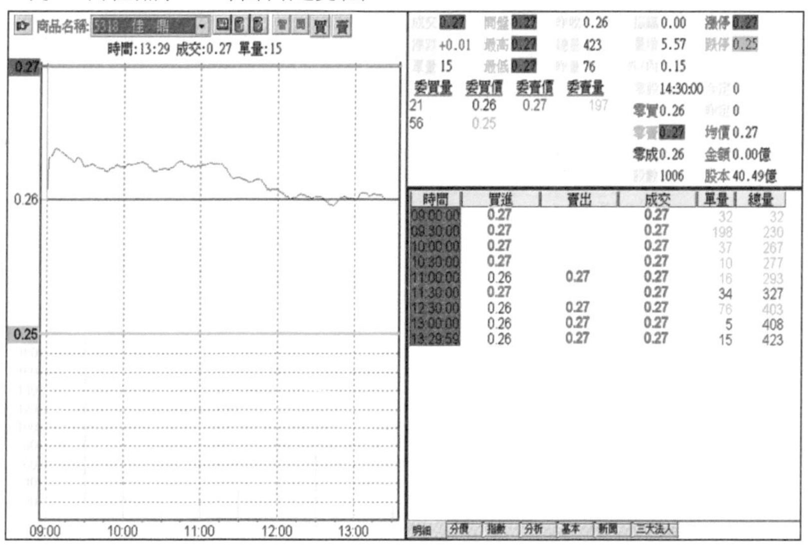

圖8-17

11月24日佳鼎(5318)交割單

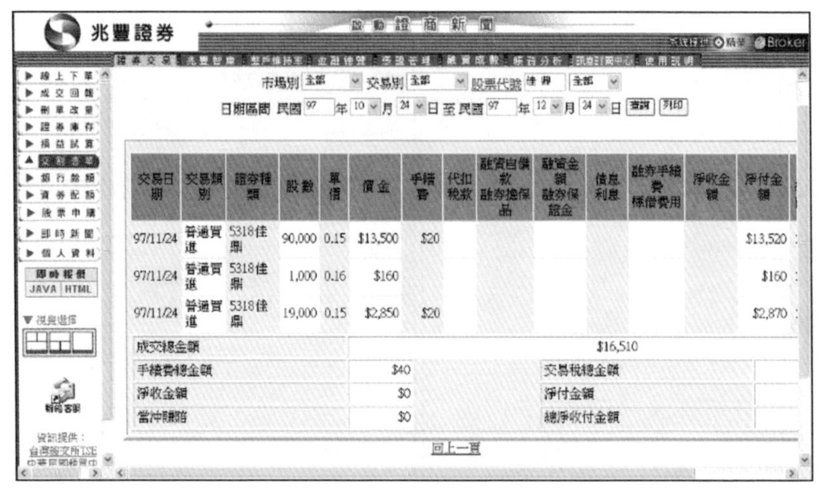

兆豐證券

市場別 全部 交易別 全部 股票代號 佳鼎 全部

日期區間 民國 97 年 10 月 24 日 至 民國 97 年 12 月 24 日 查詢 列印

交易日期	交易類別	證券種類	股數	單價	價金	手續費	代扣稅款	融資自償款 融券擔保品	融資金額 融券保證金	債息利息	融券手續費 標借費用	淨收金額	淨付金額
97/11/24	普通買進	5318佳鼎	90,000	0.15	$13,500	$20							$13,520
97/11/24	普通買進	5318佳鼎	1,000	0.16	$160								$160
97/11/24	普通買進	5318佳鼎	19,000	0.15	$2,850	$20							$2,870

成交總金額	$16,510		
手續費總金額	$40	交易稅總金額	
淨收金額	$0	淨付金額	
當沖賺賠	$0	總淨收付金額	

回上一頁

圖8-18

12月12日佳鼎(5318)交割單

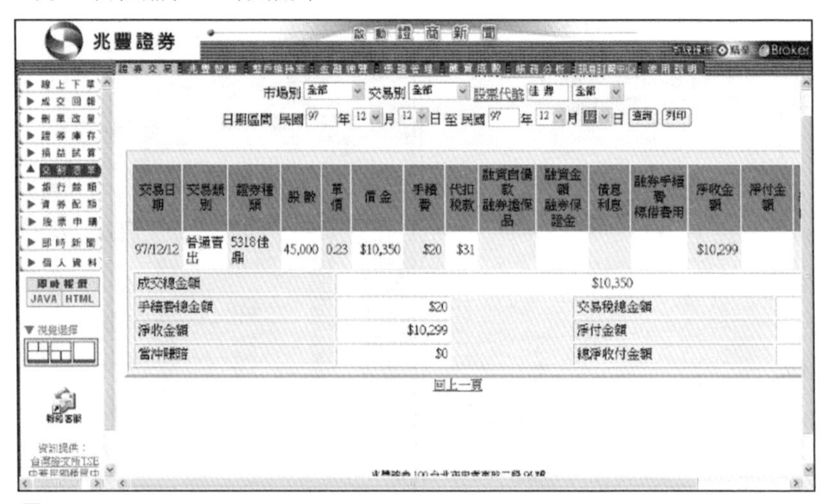

兆豐證券

市場別 全部 交易別 全部 股票代號 佳鼎 全部

日期區間 民國 97 年 12 月 12 日 至 民國 97 年 12 月 [illegible] 日 查詢 列印

交易日期	交易類別	證券種類	股數	單價	價金	手續費	代扣稅款	融資自償款 融券擔保品	融資金額 融券保證金	債息利息	融券手續費 標借費用	淨收金額	淨付金額
97/12/12	普通賣出	5318佳鼎	45,000	0.23	$10,350	$20	$31					$10,299	

成交總金額	$10,350		
手續費總金額	$20	交易稅總金額	
淨收金額	$10,299	淨付金額	
當沖賺賠	$0	總淨收付金額	

回上一頁

圖8-19

12月17日佳鼎(5318)交割單

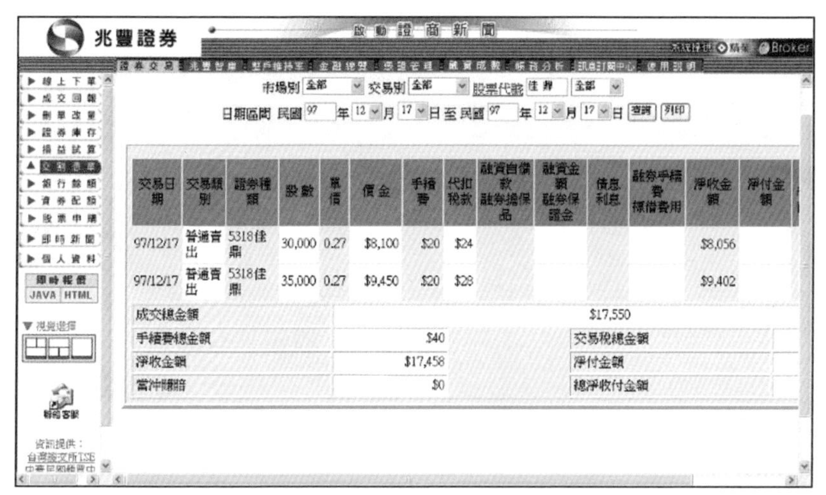

兆豐證券

市場別 全部 交易別 全部 股票代號 佳鼎 全部

日期區間 民國 97 年 12 月 17 日 至 民國 97 年 12 月 17 日 查詢 列印

交易日期	交易類別	證券種類	股數	單價	價金	手續費	代扣稅款	融資自備款 融券擔保品	融資金額 融券保證金	債息利息	融券手續費 標借費用	淨收金額	淨付金額
97/12/17	普通賣出	5318佳鼎	30,000	0.27	$8,100	$20	$24					$8,056	
97/12/17	普通賣出	5318佳鼎	35,000	0.27	$9,450	$20	$28					$9,402	

成交總金額	$17,550		
手續費總金額	$40	交易稅總金額	
淨收金額	$17,458	淨付金額	
當沖賺賠	$0	總淨收付金額	

圖8-20

股市沒有專家

只有**贏家**與輸家

玖、談籌碼面

福葆(8066)

交易日期	交易類別	證券種類	股數	單價	價金	手續費	代扣稅款	淨收金額	淨付金額	委託書編號(證商編號)
2007/09/03	普通買進	8066福葆	15,000	3.71	$55,650	$79			$55,729	1002000
	普通買進	8066福葆	10,000	3.70	$37,000	$52			$37,052	1002700
	普通買進	8066福葆	10,000	3.71	$37,100	$52			$37,152	1002800
2007/09/04	普通買進	8066福葆	1,000	3.71	$3,710	$5			$3,715	1000500
	普通買進	8066福葆	9,000	3.64	$32,760	$46			$32,806	1000501
	普通買進	8066福葆	13,000	3.64	$47,320	$67			$47,387	1000600
	普通買進	8066福葆	2,000	3.61	$7,220	$10			$7,230	1000601
	普通買進	8066福葆	9,000	3.66	$32,940	$46			$32,986	1001800
2007/09/05	普通買進	8066福葆	15,000	3.72	$55,800	$79			$55,879	1005200
	普通買進	8066福葆	10,000	3.71	$37,100	$52			$37,152	1005900
2007/09/06	普通買進	8066福葆	30,000	3.71	$111,300	$158			$111,458	1003600
	普通買進	8066福葆	5,000	3.66	$18,300	$26			$18,326	1002800
2007/09/10	普通賣出	8066福葆	53,000	3.85	$204,050	$290	$612	$203,148		1003300
2007/09/19	普通買進	8066福葆	20,000	3.73	$74,600	$106			$74,706	1001900
	普通買進	8066福葆	20,000	3.65	$73,000	$104			$73,104	1004200
	普通買進	8066福葆	20,000	3.65	$73,000	$104			$73,104	1004100
	普通買進	8066福葆	10,000	3.70	$37,000	$52			$37,052	1005700
	普通買進	8066福葆	30,000	3.70	$111,000	$158			$111,158	1006200
	普通買進	8066福葆	20,000	3.61	$72,200	$102			$72,302	1005500
	普通買進	8066福葆	19,000	3.73	$70,870	$100			$70,970	1004300
	普通買進	8066福葆	6,000	3.65	$21,900	$31			$21,931	1004301
	普通買進	8066福葆	17,000	3.64	$61,880	$88			$61,968	1004500

交易日期	交易類別	證券種類	股數	單價	價金	手續費	代扣稅款	淨收金額	淨付金額	委託書編號(證商編號)
2007/09/19	普通買進	8066福葆	3,000	3.62	$10,860	$15			$10,875	1004501
	普通買進	8066福葆	14,000	3.61	$50,540	$72			$50,612	1006300
2007/09/20	普通買進	8066福葆	10,000	3.71	$37,100	$52			$37,152	1002300
	普通買進	8066福葆	20,000	3.72	$74,400	$106			$74,506	1002900
	普通買進	8066福葆	8,000	3.72	$29,760	$42			$29,802	1003500
	普通買進	8066福葆	12,000	3.68	$44,160	$62			$44,222	1001200
2007/09/21	普通買進	8066福葆	20,000	3.73	$74,600	$106			$74,706	1001200
	普通買進	8066福葆	10,000	3.73	$37,300	$53			$37,353	1001500
	普通買進	8066福葆	5,000	3.73	$18,650	$26			$18,676	1002100
2007/09/26	普通買進	8066福葆	50,000	3.89	$194,500	$277			$194,777	1003100
2007/09/28	普通買進	8066福葆	10,000	3.89	$38,900	$55			$38,955	1006000
	普通買進	8066福葆	5,000	3.88	$19,400	$27			$19,427	1005900
	普通買進	8066福葆	19,000	3.88	$73,720	$105			$73,825	1006700
	普通買進	8066福葆	11,000	3.90	$42,900	$61			$42,961	1007000
2007/10/02	普通買進	8066福葆	20,000	3.75	$75,000	$106			$75,106	1005900
	普通買進	8066福葆	15,000	3.75	$56,250	$80			$56,330	1006900
	普通買進	8066福葆	15,000	3.75	$56,250	$80			$56,330	1007000
	普通買進	8066福葆	11,000	3.80	$41,800	$59			$41,859	1006800
	普通買進	8066福葆	4,000	3.69	$14,760	$21			$14,781	1006801

福葆(8066)總計在3塊多時買進了500張，並且在11月8日的最高點5.18元全部出清。

福葆(8066)日K圖

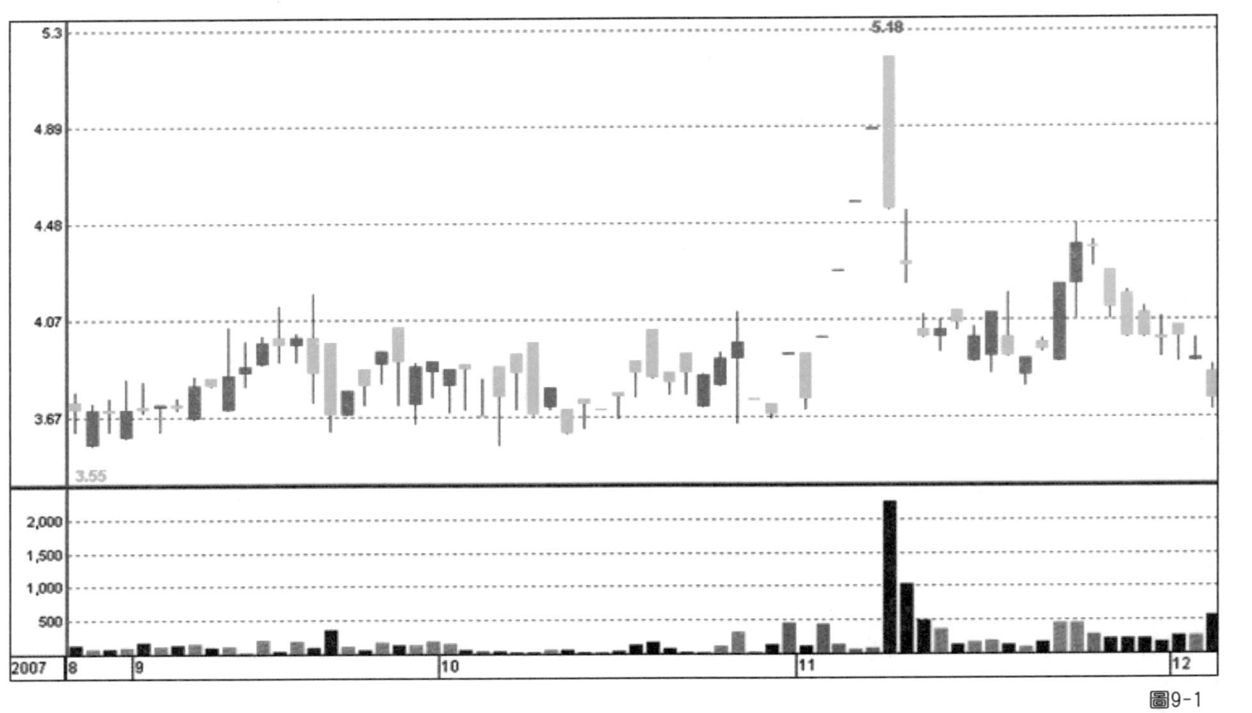

圖9-1

福葆(8066)11月8日當日走勢圖

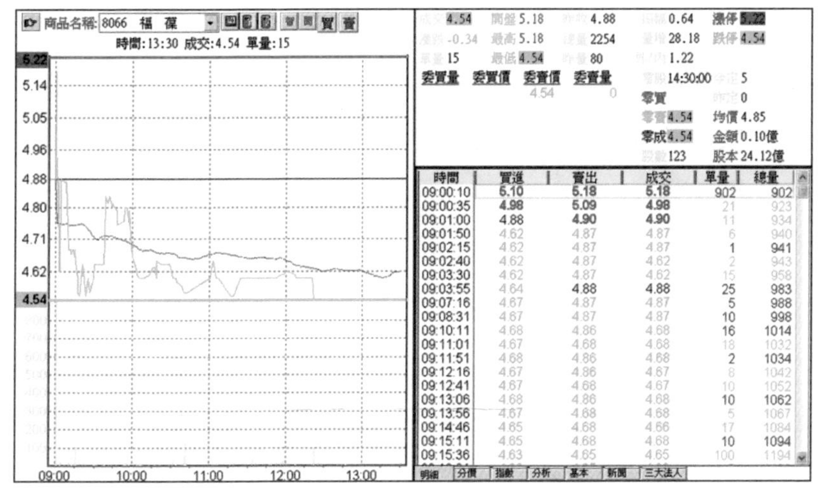

圖9-2

當日交割單

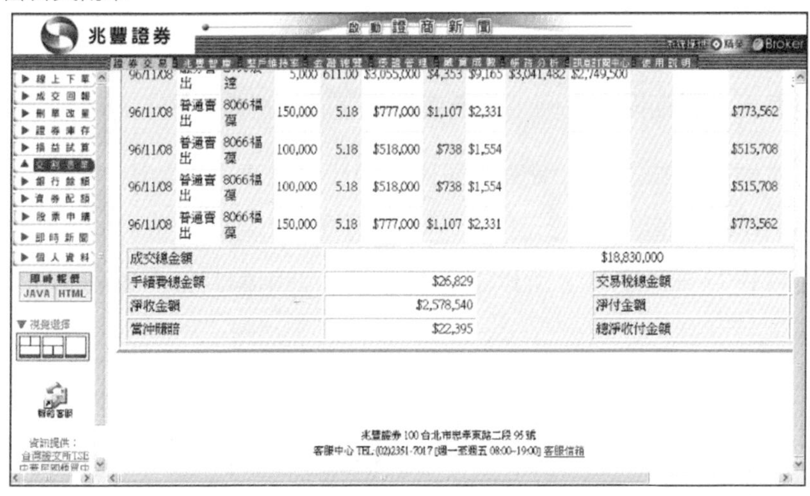

圖9-3

看到這裡大家應該很好奇，為什麼知道它會上漲呢？其實原因很簡單：

1. 起漲前約一個月，每日的委賣數量都異常的大，與委買數量不成比例(關於委買委賣數量異常大的意義之前討論過，所以不再說明)。
2. 從它過去的新聞中可以得知，它即將公布的第三季財報，每股淨值將在5元以上。

Q3

因為福葆是全額交割股，而所謂全額交割股是指必須以現股、現款交割。買進時需先繳交全額股款，經紀商才會接受委託，並且不得信用交易。

股票如果因為財報公布後，淨值低於5元，將被打入全額交割股，之後通常會有好幾根跌停；但相對的，如果全額交割股淨值高於5元以上，將恢復成普通交易，是一項利多。（此類相關的法規與更多詳細操作實例，請參考拙作《股市提款卡》）

福葆因為之前有減資的關係，因此可以事先推估出，其未來第三季的淨值將大於5元以上，且財報將在10月底公布，推算到時將恢復為普通交易，所以筆者就在前一、兩個月即默默買進500張。

到了10月底第三季財報公布後，櫃買中心如預期地宣布福葆將恢復成普通股，因此造成天天漲停鎖死的情形，筆者也在2007年11月8日出清全部持股。

2007年11月8日開盤第一筆5.18元成交量共902張，筆者佔了500張，算是操作得宜加好運氣，出清的價位正好在喜馬拉雅山山頂。

至於為何11月8日出清持股而不是11月9日呢？原因就出在籌碼面。

股票漲跌最重要的原因就是籌碼，如果籌碼集中在大戶手裡，那麼就算遇到利空，往往也會變成利空出盡反而上漲；籌碼集中在散戶手中，那麼就算再多的利多，也會變成利多出盡而下跌。股市的漲跌往往是不合常理的，早在幾百年前，科學家牛頓就說過了：「**我能計算出天體的運行軌跡，卻難以預料到人性的瘋狂。**」

當一檔股票天天漲停鎖死，表示它的漲停委買很多才能夠一價到底，如果委買大部分是主力掛的單子，那麼這檔股票距離高點將還有一段距離。相對的，如果委買大部分是散戶所掛，這就代表了散戶強力看多，因此主力極可能在散戶最想買進時出貨。

一價到底的股票，開盤前委買的單子是採取電腦隨機撮合的，如果當日成交的量，買方主要集中在少數券商，那麼換算成比例就能知道在那麼多委買中，主要的買單集中在少數幾家券商，比較可能是主力委買的單子；相對的，如果當日成交的量，買方分散在多數券商，就代表當日的委買大部分都是散戶所為。

至於以幾家的券商為分界，代表是散戶單或主力單呢？其實這沒有一定的標準，只要跟前幾天相互比較，就能夠大概判斷出來。

以福葆舉例來講：

11月7日漲停一價到底，漲停委買量有四千多張，當日成交量為80張，而這80張的成交的買方券商家數比起前幾天多了好幾倍，這也代表散戶已經進入了這個市場且主力沒有再掛單委買了。因此筆者推斷出主力將在11月8日出貨，之後結果就如筆者所預期。

因此，股票最重要的是**細心的觀察與推理，而不是所謂的技術分析所能預測的**。當你看到表面的數據時，表示其他人也看到了，所以這項數據是沒有用的，但只要你深入研究推理這項數據，之後所得到的結果往往是有用的。

在股票市場，很多東西只要你細心觀察與推理，並且以主力的心態去思考，往往都能得到許多珍貴的資訊，而這些東西並不是技術分析能夠告訴你的。

拾、如何規避地雷股

我們很難預測出股價將漲到哪或跌到哪，但是透過細微的觀察與推理，有時我們可以發現，一檔股票在大漲或大跌前的徵兆。沒有人能夠完全預測出市場的走向，所以我們只需像老鷹一樣，冷靜地在高空盤旋，目標出現時，以疾速俯衝的掠奪之姿精準地狙殺獵物於瞬間，如此就行了。不需要時時出手，等到有把握時再迅速地出手，那在股市裡將無往不利。

台灣的股市充滿許許多多內線，雖然我們平常人無法知道，但在某些細節上是能夠觀察推理出來的。

大家都怕買到地雷股，也有人認為幾塊錢的雞蛋水餃股有可能就是地雷股，其實不然。股價反映公司的狀況是沒錯的，所以幾塊錢的股票也代表著它是虧損的公司，卻並不代表它就是地雷股。多頭市場裡，幾塊錢的低價股往往能在幾個月內飆漲數倍，尤其是農曆春節前後；那要如何避免買到地雷股呢？

首先，筆者買股時，絕不碰董監持股低的股票。試問，一家公司的股票跌到如此便宜，為何公司的董監不自己多買一些呢？反而持股比率還如此的低？

所以出問題的公司往往都是董監持股比率低的公司。如圖，已下市的歌林董監持股：

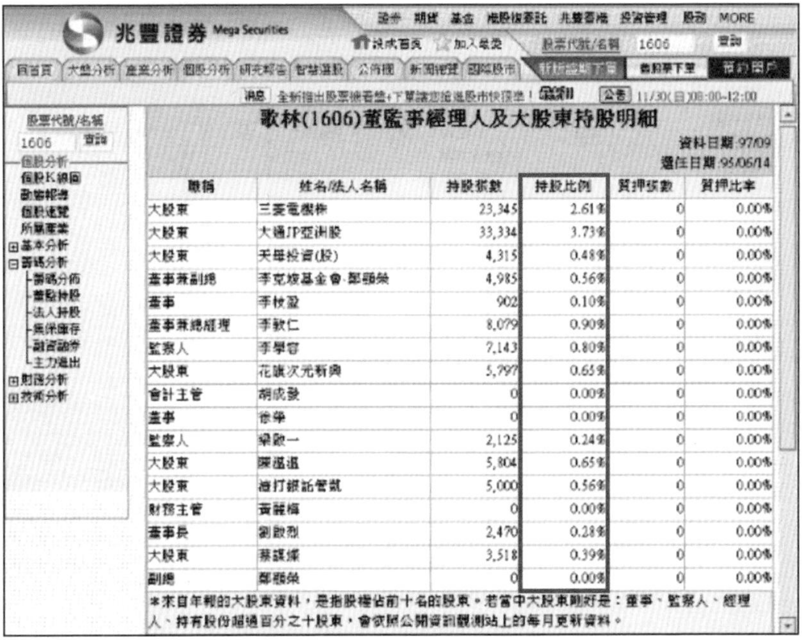
兆豐證券 Mega Securities
歌林(1606)董監事經理人及大股東持股明細
資料日期:97/09
選任日期:95/06/14

職稱	姓名/法人名稱	持股張數	持股比例	質押張數	質押比率
大股東	三菱電機株	23,345	2.61%	0	0.00%
大股東	大通JP亞洲股	33,334	3.73%	0	0.00%
大股東	天母投資(股)	4,315	0.48%	0	0.00%
董事兼副總	李克竣基金會-鄭穎榮	4,985	0.56%	0	0.00%
董事	李枝盈	902	0.10%	0	0.00%
董事兼總經理	李敦仁	8,079	0.90%	0	0.00%
監察人	李學容	7,143	0.80%	0	0.00%
大股東	花旗次元新興	5,797	0.65%	0	0.00%
會計主管	胡成發	0	0.00%	0	0.00%
董事	徐華	0	0.00%	0	0.00%
監察人	梁啟一	2,125	0.24%	0	0.00%
大股東	陳孟逵	5,804	0.65%	0	0.00%
大股東	渣打銀託管戴	5,000	0.56%	0	0.00%
財務主管	黃麗梅	0	0.00%	0	0.00%
董事長	劉啟烈	2,470	0.28%	0	0.00%
大股東	蔡謀燦	3,518	0.39%	0	0.00%
副總	鄭穎榮	0	0.00%	0	0.00%

*來自年報的大股東資料，是指股權佔前十名的股東。若當中大股東剛好是：董事、監察人、經理人、持有股份超過百分之十股東，會依照公開資訊觀測站上的每月更新資料。

圖10-1

跌到剩不到1元的力特：

兆豐證券 Mega Securities

力特(3051)董監事經理人及大股東持股明細

資料日期:97/10
選任日期:96/06/15

職稱	姓名/法人名稱	持股張數	持股比例	質押張數	質押比率
大股東	力特光電庫藏	7,735	1.53%	0	0.00%
董事	大洋(股)-陳欽明	11,610	2.29%	0	0.00%
董事	天晨投資(有)-劉真津	287	0.06%	0	0.00%
副總	王守勇	0	0.00%	0	0.00%
獨立董事	史玉麟	2,500	0.49%	0	0.00%
法人代表	向曉南	12	0.00%	0	0.00%
監察人	呂榮鴻	0	0.00%	0	0.00%
協理兼財會主管	李心英	0	0.00%	0	0.00%
大股東	花旗次元新興	3,466	0.68%	0	0.00%
大股東	花旗盛民傳昌	11,500	2.27%	0	0.00%
監察人	浩海投資(股)-楊尚憲	1,100	0.22%	0	0.00%
經理	高鼎	5	0.00%	0	0.00%
大股東	常新欣業(股)	3,440	0.68%	0	0.00%
監察人	旋風投資(股)-向曉南	930	0.18%	0	0.00%
副總	陳文嘉	0	0.00%	0	0.00%
法人代表	陳欽明	2,403	0.47%	0	0.00%
協理	黃光華	0	0.00%	0	0.00%
大股東	閎大投資(股)	5,110	1.01%	0	0.00%
大股東	黃振進	4,650	0.92%	0	0.00%

圖10-2

當一檔股票跌到剩幾塊錢，而它的融券卻一路增加時，你會怎麼看這個現象呢？

有人會認為現在的融券代表未來的回補力道將會很強，並且很容易造成軋空，但事實上真的是這樣嗎？或許我們應該要從另一方面思考：為何股票跌到只剩幾塊錢還有人敢放空如此多的股票呢？一般散戶敢這樣放空幾塊錢的股票嗎？而另一個可以觀察的地方就是公司所發行的可轉債(CB)。

何謂可轉債呢？可轉換公司債簡稱可轉債，是債券的一種，具有債券的特性，例如每年配息、有固定的到期日、債券到期時會還本……等。另一方面，可轉債同時還擁有可以轉換股票的權利，在發行時可以約定每一檔債券可以轉換多少數目的股票，債券持有人可以決定是否要執行轉換的權利。股價上漲時，可轉債價格也會隨著上漲；股價未能有所表現時，則可持有債券至到期日，並收取固定利息與本金。可轉債即使因不具轉換價值而跌破面額100元，也應不至於離100元太遠，因為到期時公司將償還本金。

轉換價：CB面額為100元，也就是買一張為10萬元的話，不管你用幾元去買，它的面額就是100元。

假設某股轉換價是20元，那麼在轉換時，一股CB等於100元／20元＝5股的現股。

一般可轉債價格正常都在80元以上，如下圖所示：

選擇	股票代號	時間	成交	買進	賣出	漲跌	張數	昨收	開盤	最高	最低	台証證券下單
☐	12101 大成一	13:30	**105.70**	105.60	106.00	△0.60	57	105.10	105.10	106.00	105.10	○買 ○賣 張 送出 零股交易
☐	12161 統一一	13:30	**98.25**	98.05	98.65	△0.15	41	98.10	98.00	98.25	98.00	○買 ○賣 張 送出 零股交易
☐	13121 國喬一	13:30	**100.00**	100.00	100.10	△0.20	265	99.80	100.15	100.15	100.00	○買 ○賣 張 送出 零股交易
☐	140201 遠紡E1	13:30	**99.20**	98.40	99.10	0.00	—	99.20	—	99.20	98.00	○買 ○賣 張 送出 零股交易
☐	14093 新纖三	13:24	**95.30**	95.05	95.30	0.00	—	95.30	—	95.30	95.25	○買 ○賣 張 送出 零股交易
☐	14772 聚陽二	00:00	—	—	—	—	—	185.00	—	—	—	○買 ○賣 張 送出 零股交易
☐	15221 堤維一	11:59	**100.10**	100.00	100.10	△0.10	141	100.00	100.00	100.45	100.00	○買 ○賣 張 送出 零股交易
☐	15242 耿鼎二	00:00	—	—	—	—	—	113.00	—	—	—	○買 ○賣 張 送出 零股交易
☐	15281 恩德一	11:41	**94.50**	89.30	94.50	0.00	—	94.50	—	94.50	94.50	○買 ○賣 張 送出 零股交易
☐	15362 和大二	13:30	**95.00**	94.60	97.00	0.00	3	95.00	95.00	95.00	95.00	○買 ○賣 張 送出 零股交易
☐	15371 廣隆一	09:05	**100.00**	98.50	103.00	0.00	—	100.00	—	100.00	100.00	○買 ○賣 張 送出 零股交易
☐	15691 濱川一	10:53	**101.50**	101.05	102.50	0.00	—	101.50	—	101.50	101.50	○買 ○賣 張 送出 零股交易
☐	15841 精剛一	09:50	**101.30**	101.00	102.40	0.00	—	101.30	—	101.30	101.30	○買 ○賣 張 送出 零股交易
☐	16093 大亞1C	00:00	—	—	—	—	—	99.00	—	—	—	○買 ○賣 張 送出 零股交易
☐	16171 榮星一	11:17	**106.15**	106.20	106.40	▽0.05	5	106.20	106.15	106.15	106.15	○買 ○賣 張 送出 零股交易
☐	17291 必翔一	13:16	**99.50**	99.60	99.90	△0.50	125	99.00	99.00	99.65	99.00	○買 ○賣 張 送出 零股交易
☐	17341 杏輝一	10:16	**120.00**	122.00	125.50	0.00	5	120.00	120.00	120.00	120.00	○買 ○賣 張 送出 零股交易
☐	17841 訊聯一	13:18	**130.25**	129.80	130.55	△4.55	295	125.70	125.00	131.00	125.00	○買 ○賣 張 送出 零股交易
☐	17852 光洋二	00:00	—	—	—	—	—	—	—	—	—	○買 ○賣 張 送出 零股交易
☐	18061 冠軍一	13:30	**108.00**	103.50	109.00	0.00	—	108.00	—	108.00	108.00	○買 ○賣 張 送出 零股交易
☐	18151 富喬一	12:41	**102.05**	102.05	102.40	△0.05	12	102.00	102.05	102.05	102.05	○買 ○賣 張 送出 零股交易
☐	20064 東鋼四	11:57	**97.00**	96.95	97.25	0.00	15	97.00	96.80	97.00	96.80	○買 ○賣 張 送出 零股交易
☐	20202 美亞二	09:37	**94.00**	91.10	96.00	0.00	—	94.00	—	94.00	94.00	○買 ○賣 張 送出 零股交易
☐	20203 美亞三	09:45	**96.00**	89.50	96.00	0.00	—	96.00	—	96.00	96.00	○買 ○賣 張 送出 零股交易
☐	20231 燁輝一	00:00	—	—	—	—	—	—	—	—	—	○買 ○賣 張 送出 零股交易

圖10-3　資料來源：Yahoo 奇摩股市　http://tw.stock.yahoo.com/h/getclass.php

一般投資人如欲查詢公司可轉債，可至yahoo的股市行情裡查詢，如圖中所示：

集中市場當日行情表　　大盤走勢　類股走勢

水泥	食品	塑膠	紡織	電機
電器電纜	化學	生技醫療	玻璃	造紙
鋼鐵	橡膠	汽車	半導體	電腦週邊
光電	通信網路	電子零組件	電子通路	資訊服務
其它電子	營建	航運	觀光	金融
貿易百貨	油電燃氣	憑證	公司債	綜合
其他	市認購	市認售	指數類	

櫃檯買賣市場行情　　櫃檯走勢

食品	塑膠	紡織	電機	電器
化工	生技	玻璃	鋼鐵	橡膠
半導	電腦	光電	通信	電零
通路	資服	他電	營建	航運
觀光	金融	貿易	油電	其他
管理	公司	憑證	認購	認售

圖10-4　資料來源：Yahoo 奇摩股市 http://tw.stock.yahoo.com/h/getclass.php

以下舉幾個例子：

歌林(1606)從10幾塊錢一路跌到6塊多，融券出事前卻異常增加四萬多張，一般的散戶敢放空如此多幾塊錢的股票嗎？

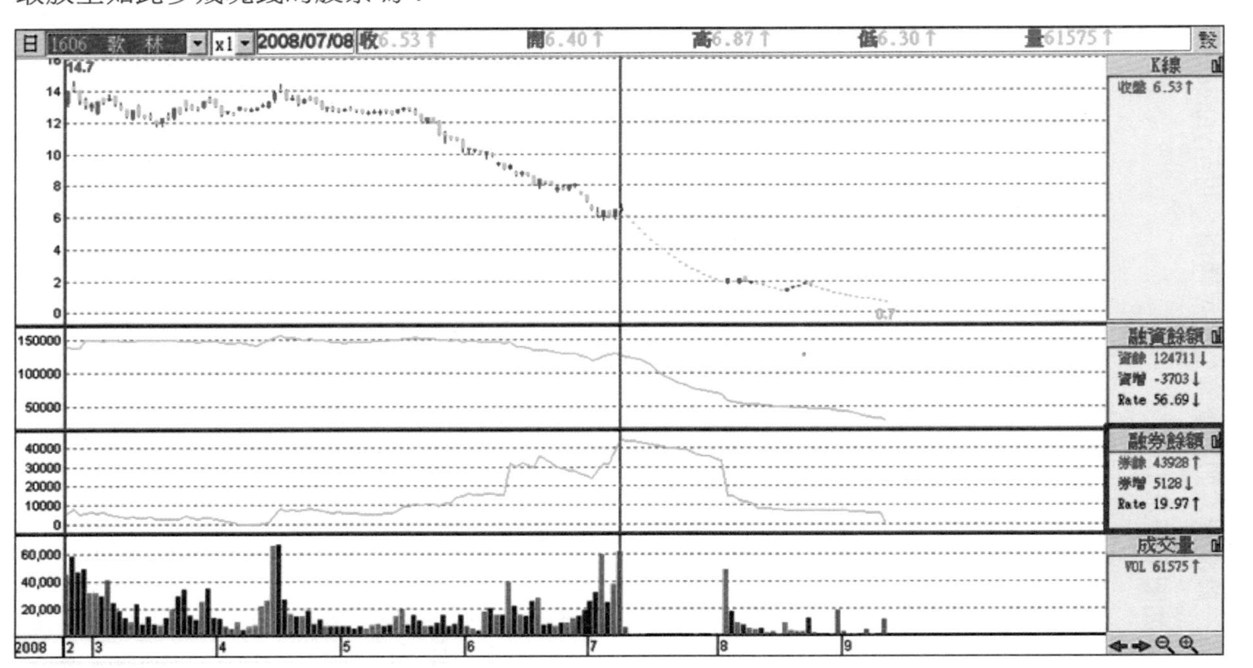

圖10-5

歌林二(16062)第二次可轉債從90幾元大跌至40幾元，這是很奇特的現象。

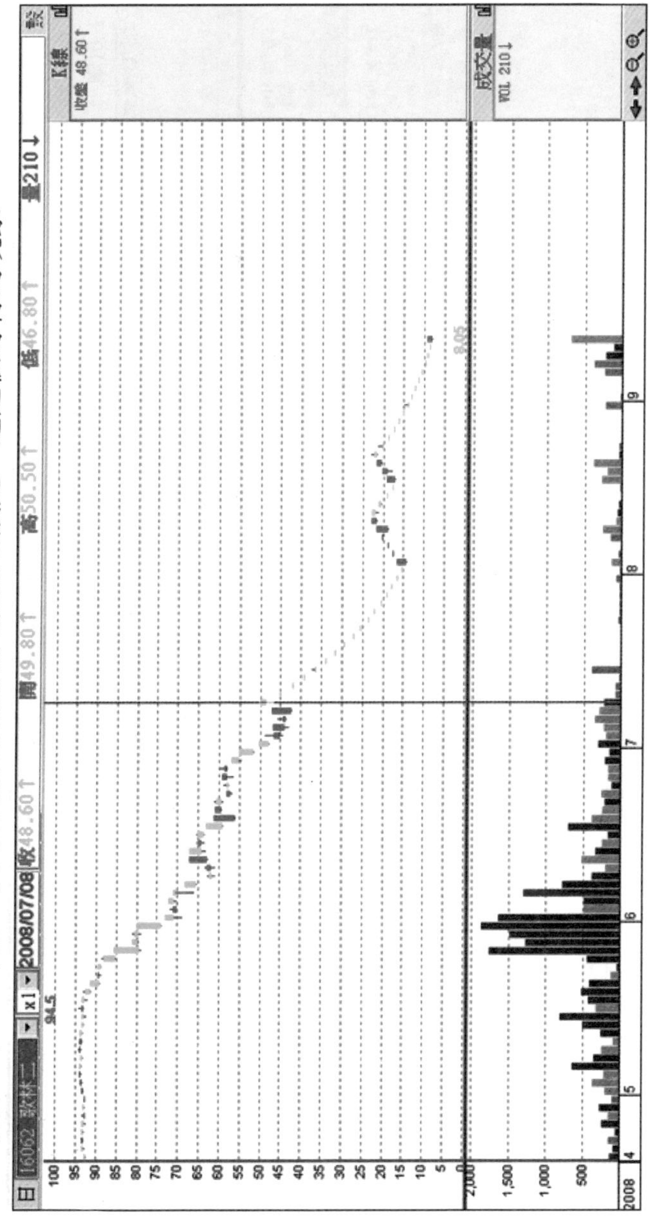

圖10-6

仕欽(6232)從10幾塊錢一路跌到4塊多，出事前融券卻異常增加兩萬多張。

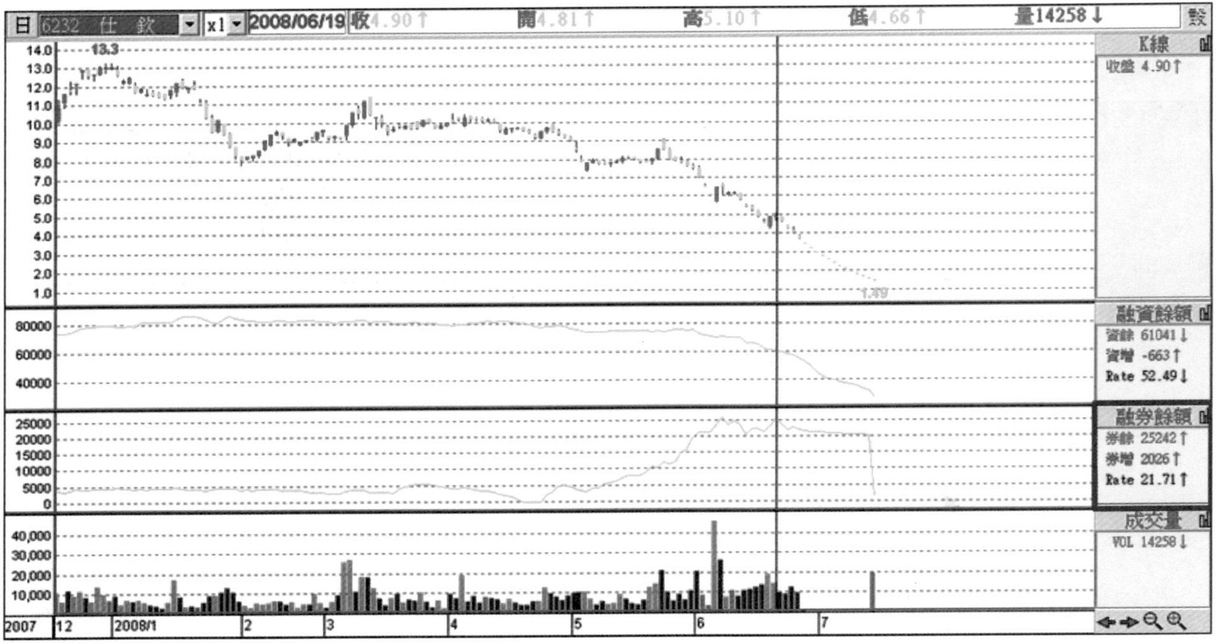

圖10-7

雅新(2418)公司出事前，融券異常增加了五千多張。

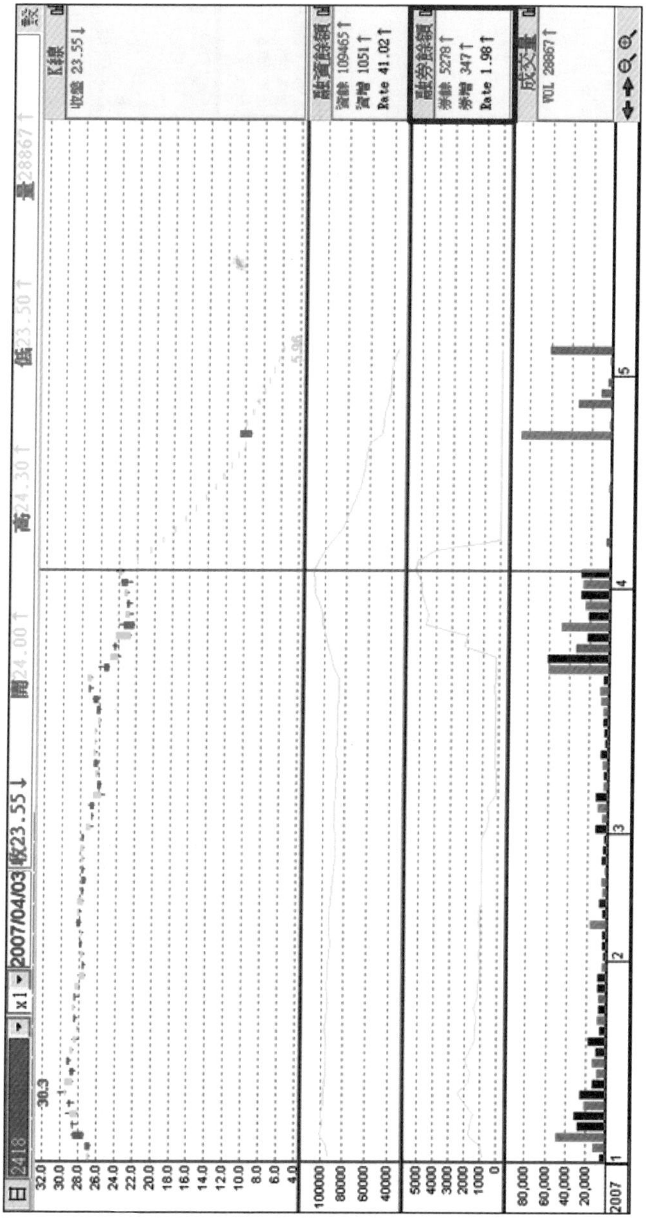

圖10-8

英誌(2438)公司出事前，價位只剩2塊多，但融券異常增加了一萬多張。

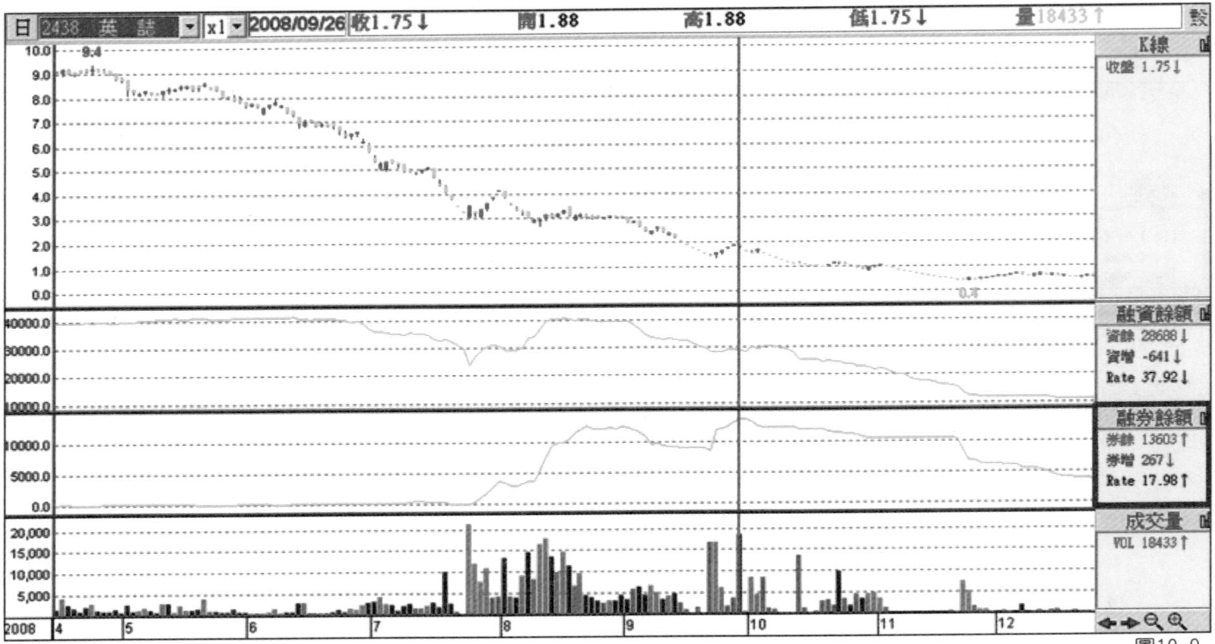

圖10-9

力特(3051)公司出事前，價位只剩4塊多，融券卻異常增加了兩萬多張。

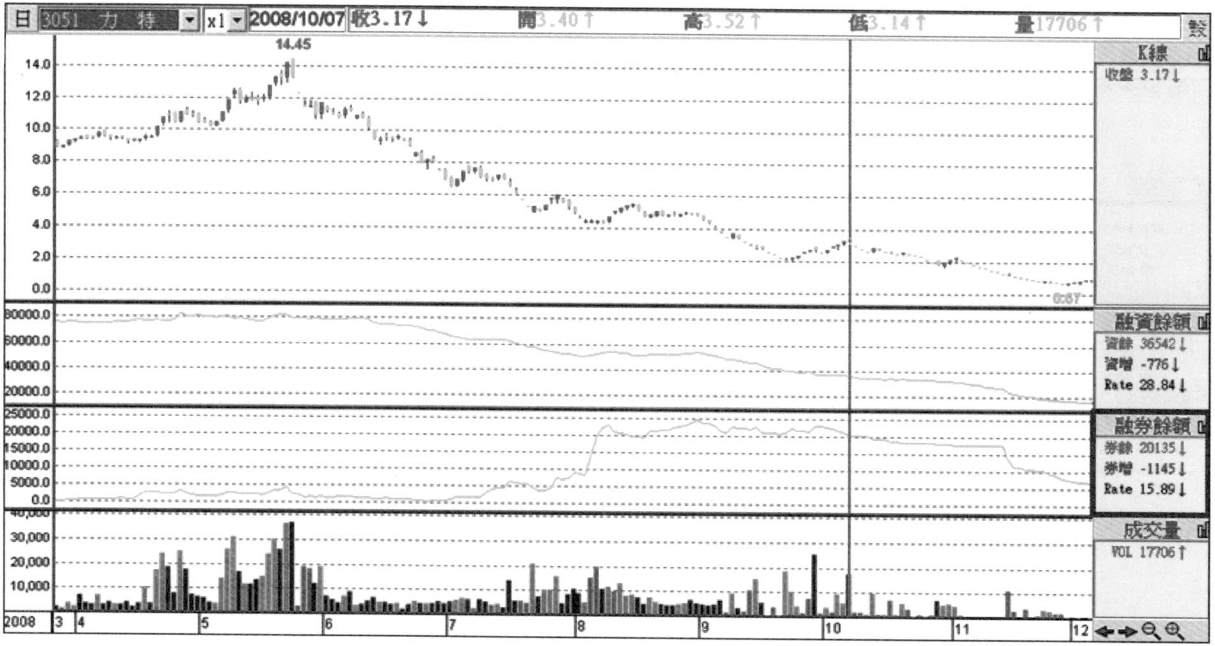

圖10-10

正常的公司跌到剩幾塊錢時，是沒人敢放空的。

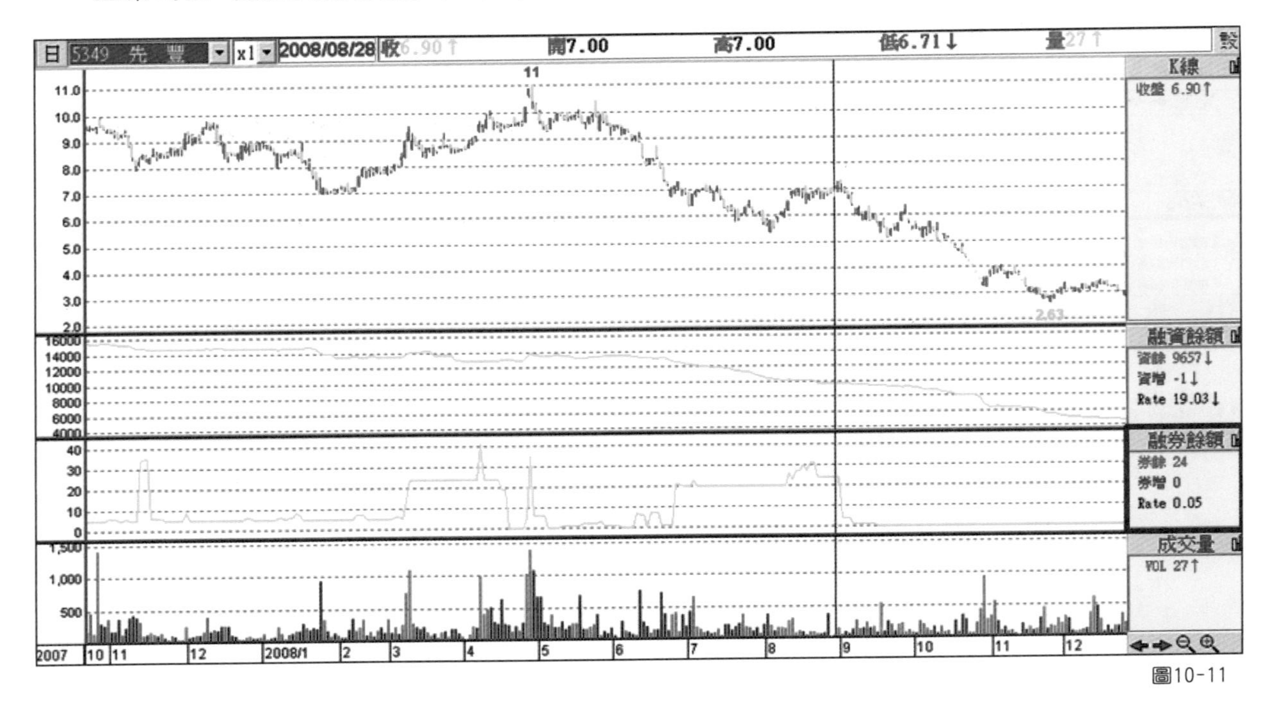

圖10-11

拾壹、便宜莫貪

許多人認為買股票就是要長期持有、基本面好、本益比低的股票，但結果真的是如此嗎？

「春江水暖鴨先知」，一般公司未來業績的好壞，最先知道的是公司的董監事，之後應該是投信外資與媒體等，再來才是一般的散戶。散戶透過一般媒體得知最後的消息，且這些資訊是完全公開的，也就是說，當你看到這則訊息時，股價已經反映了。既然如此，公司的董監事會先知道公司未來的業績好壞，而先買進或賣出，因此有人就會認為，直接看董監事的持股異動就知道了。其實這是不正確的，雖然董監事轉讓持股超過10張以上都需事先申報，但是有太多董監事都是透過名下的投資公司或他人帳戶進行買賣的，這些並不需要申報，所以一般人是無法看出來的。

一般來說，董監事會在公司未來基本面轉壞之前先行賣出持股，等未來基本面將轉好之前才又買回持股，所以股價永遠領先基本面，**當看到基本面很好的股票，但股價卻不漲而反跌時，則應該思考是不是有問題呢？**為何股價這麼低、基本面這麼好的股票卻沒人買呢？而賣的人也知道基本面很好，又為什麼要賣呢？

例如力晶(5346)在2007年4月底公布2006年度財報，與2007年第一季財報時，2006年每股盈餘為4.48元，2007年第一季為1.1元，當時股價才20元左右，本益比不到5倍。

期別	97.2Q	97.1Q	96.4Q	96.3Q	96.2Q	96.1Q	95.4Q	95.3Q
每股盈餘(元)	-0.93	-1.25	-1.83	-0.25	-0.56	1.1	2.51	1.31

如果你覺得本益比低而買進力晶(5346)，結果將會非常悽慘；當時利多不漲也預告了未來基本面將急轉直下，果然之後DRAM價格急轉直下，股價跌到只剩幾塊錢。

力晶(5346)週K線圖

圖11-1

同時期之大盤週K線圖

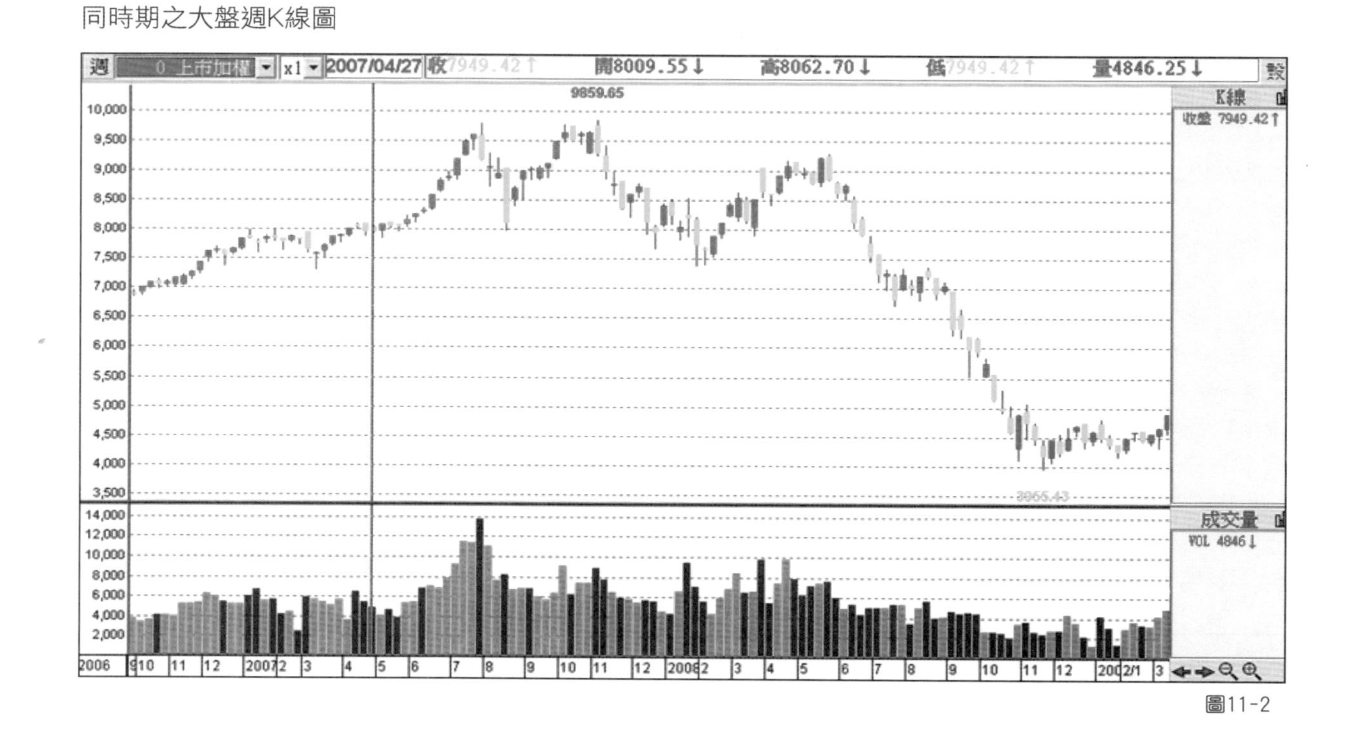

圖11-2

同樣的戲碼也發生在茂德(5387)身上，這是一則2006年10月的新聞：

2006/10/20

茂德19日舉行法說會，第三季營運亮眼，每股獲利則為1.12元。

當時茂德的股價為13.5元，在當時搭配其基本面，本益比也是非常低的。下圖為茂德週線圖。

圖11-3

拾貳、解讀利多與利空

我們知道不能光看消息來操作股票，因為一般的資訊或消息，當我們知道的時候也代表整個市場都知道了，所以股價已經相對地反應了；投資人在這個時候去進行這個交易將不會因此獲得好處，因為這些消息是大家所知道的。我的意思並不是指當好消息出來時，你必須把它視為壞消息，而是應該去思考它背後的意義。

一般的散戶喜歡看新聞利多去追股票，不過常常都是買了就套；老手就不會這樣了，他們受過傷害，知道利多去追逐股票，常常都會追到最高點，所以都把利多當利空。但利多利空是這樣看的嗎？我想未必。

一般會利多出盡的股票，通常是股價先行反應這個利多，再加上媒體不斷渲染——這種氣氛才會吸引散戶進來。散戶的心理很奇怪，知道了這個利多訊息，但是在股價還沒有反映之前，他不認為這是個利多，非要等股價漲上來了，最好再搭配媒體報導，他才有信心認為這是個利多。媒體與專家也很奇怪，總是等到股價上漲後才會特別介紹這項利多訊息，如同電影裡，警察永遠都是等到壞人死光後才會趕到現場。像2008年11月3日的江陳會，早在幾個月前就是眾所周知的訊息了，但開始的前幾天股價卻沒有反應，代表沒人注意；一般人非得等到股價上漲之後，才會注意到它的受惠族群，而通常它已是全場矚目的時候，就是利多出盡之時了。

10月27日之前並沒人注意航空股，所以筆者正打算好好大買航空股，開盤前僅先預掛了20張委買長榮航(2618)，正好成交了最低點5.71元；可惜成交後就一路上漲，習慣買跌不買漲的我，就只買到了20張。而隨著它之後幾天的上漲，市場的目光又開始慢慢注意起它了，但我也出清了長榮航(2618)。

長榮航(2618)當日走勢圖

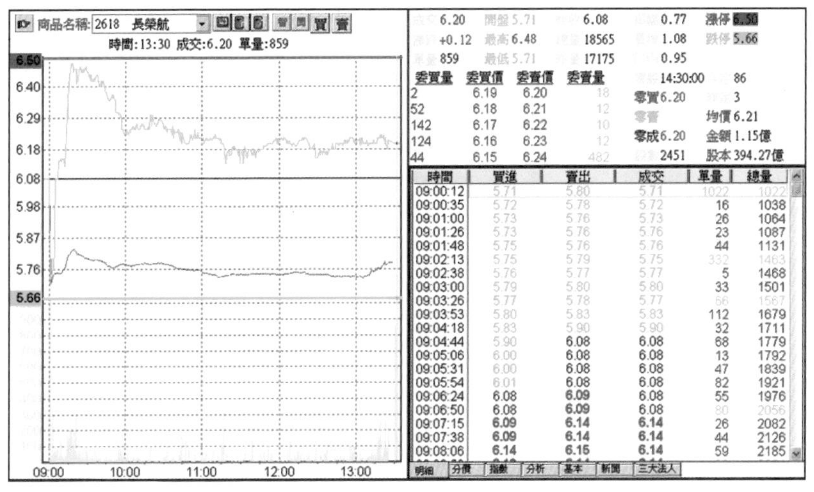

圖12-1

長榮航(2618)當日交割單

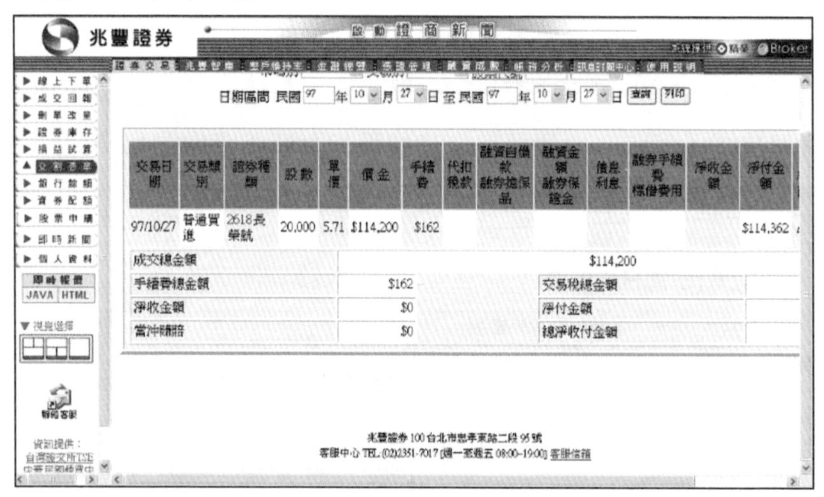

交易日期	交易類別	證券種類	股數	單價	價金	手續費	代扣稅款	融資自備款 融券擔保品	融資金額 融券保證金	債息 利息	融券手續費 標借費用	淨收金額	淨付金額
97/10/27	普通買進	2618長榮航	20,000	5.71	$114,200	$162							$114,362

成交總金額	$114,200		
手續費總金額	$162	交易稅總金額	
淨收金額	$0	淨付金額	
當沖賺賠	$0	總淨收付金額	

圖12-2

長榮航(2618)日K線圖

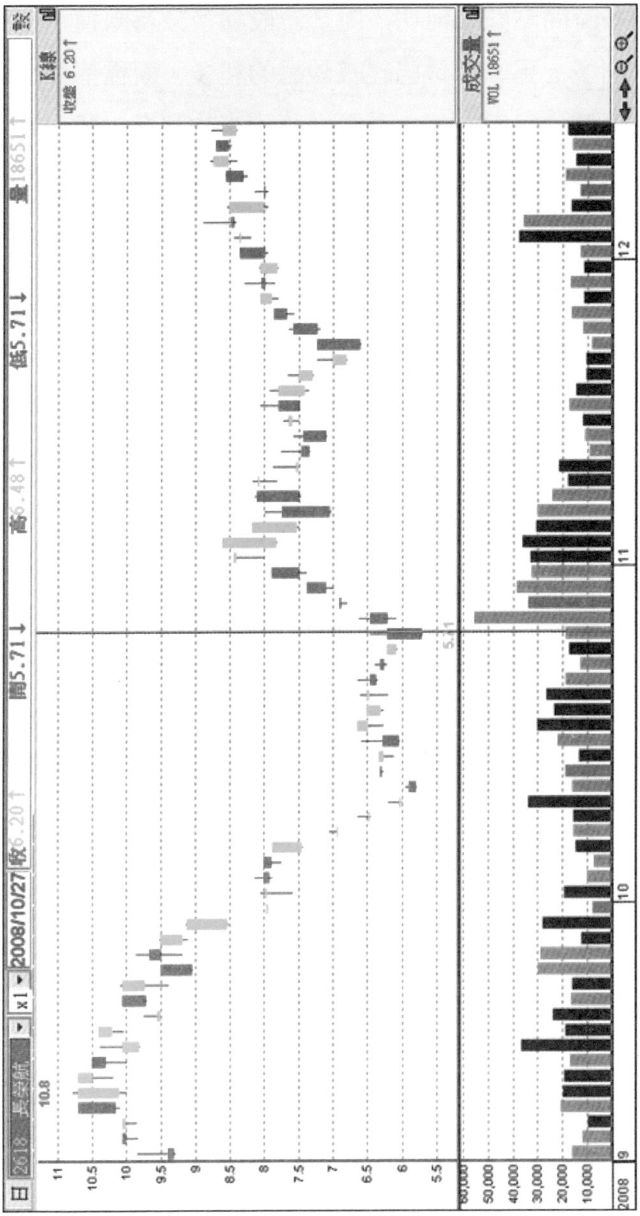

圖12-3

對於利多時間點該如何切入呢？一般利多分為兩種：一種是即將到來的利多，另一種是已經被炒過的利多，兩種都會令股價上漲。以長榮航(2618)為例，就是即將到來的利多，我一般習慣在利多公布日前幾天買進，越接近公布日就越安全，但前提是它必須沒有漲或是沒有特別比大盤強勢，才不致於發生利多出盡。

股價就是要買在下跌的時候，當它下跌時，要先想到它即將反映利多的未來並且克服恐懼，而越接近那一天就越安全。當然，利多也有可能在幾個月前就發酵開始起漲，不過站在風險考量上，因為離時間點太遠了，所以筆者並不急著介入，就算股價真的漲上去，沒買畢竟也沒損失吧！

另一種就是被炒過的利多，以智寶(2375)為例，2008年2月27日有一則新聞：

> 智寶2008/02/27出售台北縣土城市大安予自然人（非關係人），交易金額為101,730萬元，處分利益為69,000萬元。（公告）

因為這則新聞，股價連續漲停了幾天，之後到了5月，有一則新聞報導其第一季出售土地的利益將在第二季入帳，利益69,000萬，以它股本36億來看，EPS約2元左右；而後隨著時間過去，大家遺忘後，8月底公布第二季財報前幾天就可以先卡位了。8月29日漲停後，有一則新聞：

「智寶業外獲利入帳，上半年轉盈，每股稅後盈餘1.17元」

2008/08/29 09：26　中央社

（中央社記者張良知台北2008年8月29日電）鋁質電容器廠商智寶電子(2375)首季處分土城廠廠房及土地，業外獲利延至第二季入帳，上半年每股稅後盈餘達1.17元，順利轉虧為盈，結束連三年虧損的窘境，今天股價強勢漲停。

股市沒有專家

只有贏家與輸家

拾參、在低風險下獲得高利潤

在股票市場裡，我是個活躍的投資人，我熱愛短線交易，但嚴格來講我是個比各位更保守的投資人——說到這裡，應該有許多人對於我的言論抱持著疑問——因為我的任何短線交易所追求的並不是要賺多少利潤，而是要如何在低風險下獲得高利潤。

我一直不認為世界上有任何的投資行為，在不需要你勞心勞力的情況下，能無風險的讓你的獲利比銀行定存還高，如果有人來跟你推銷或吹噓，那他一定是個騙子。試想，如果有這麼好的投資，那麼在銀行的龐大的定存資金也就會往那個方向移動，也就沒人願意定存了。但不可否認的，在股市裡，只要你細心觀察，運用你的判斷，在某些時間點上，確實能夠創造出低風險、高報酬的投資；因此筆者大部分的交易行為主要都是著眼在如何規避風險而獲得報酬。股市賺錢的方法很多，下文將舉幾個筆者自己的實際操作例子，希望讀者能夠有所啟發，找到更多的方法。

在股市裡有很多極低風險而高報酬的現象，這種時時都會發生，只是在於你有沒有花這個心思去觀察。

MSCI季度調整

每年的MSCI季度調整，都發生在5月與11月，因為外資電腦自動交易的因素，所以常常發生尾盤最後一筆急殺或急拉的情況，隔天開盤將又漲回或跌回前一日波動之前的價位，這時如能掛單買進最後一筆急殺的股票，隔天開盤後賣出，往往都有5%以上無風險的利潤。

雖然我們到了收盤後才知道哪些是急拉哪些是急殺的，但我們還是可以透過盤後定盤交易買進。例如2008年5月30日華南金(2880)，收盤最後一筆從平盤上被摜壓至跌停，因此筆者發現後就掛盤後交易，一筆買進一張，共分十筆掛單。這樣的好處是假如總買進的數量大於賣出的數量時，電腦將以抽籤的方式成交，將可降低沒有成交的風險。而之後十筆中成交了三筆，也就是成交三張28元的華南金；隔天則以開盤價賣出，成交在漲停板29.8元附近，所以**在無風險的情況下獲利5000元左右**。

華南金(2880)2008年5月30日當日走勢圖

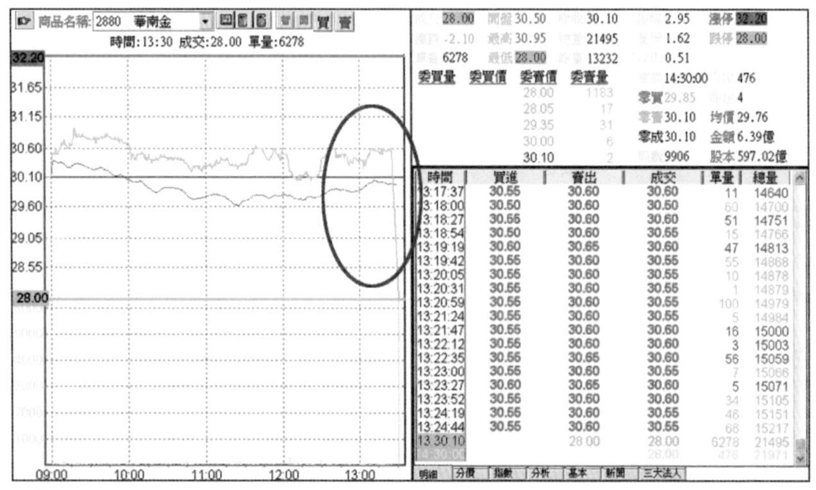

圖13-1

華南金(2880)2008年6月2日走勢圖

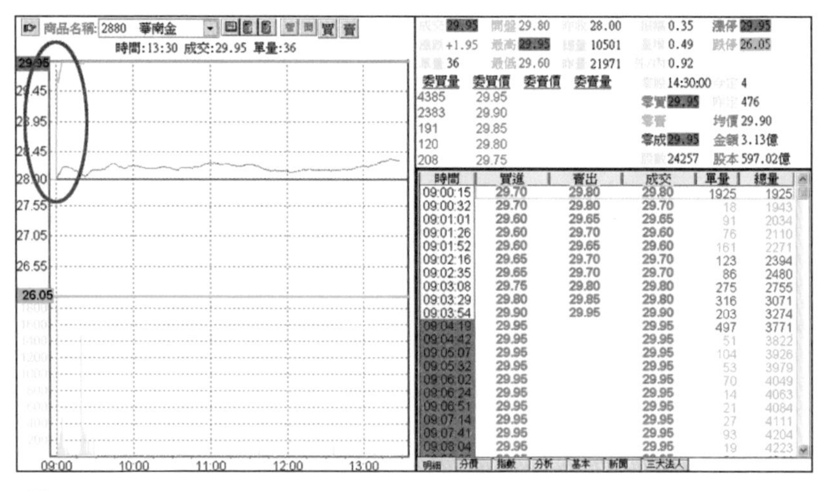

圖13-2

2008年5月30日當日交割單

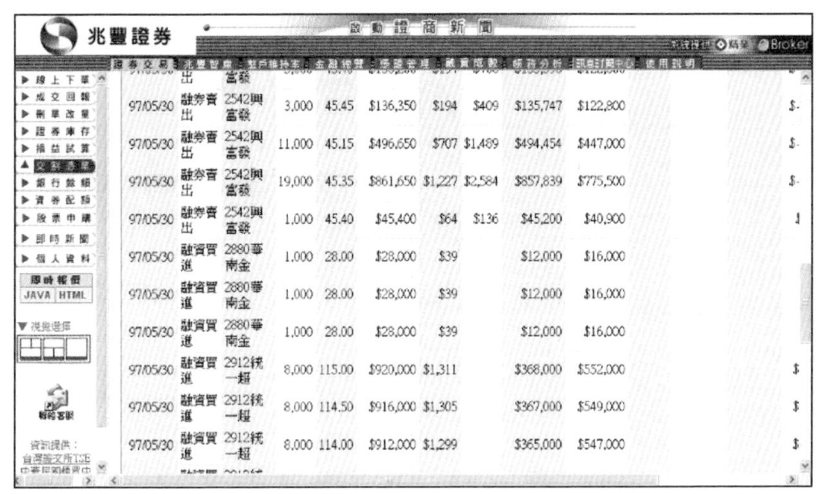

97/05/30	融券賣出	2542興富發	3,000	45.45	$136,350	$194	$409	$135,747	$122,800	$-
97/05/30	融券賣出	2542興富發	11,000	45.15	$496,650	$707	$1,489	$494,454	$447,000	$-
97/05/30	融券賣出	2542興富發	19,000	45.35	$861,650	$1,227	$2,584	$857,839	$775,500	$-
97/05/30	融券賣出	2542興富發	1,000	45.40	$45,400	$64	$136	$45,200	$40,900	
97/05/30	融資買進	2880華南金	1,000	28.00	$28,000	$39		$12,000	$16,000	
97/05/30	融資買進	2880華南金	1,000	28.00	$28,000	$39		$12,000	$16,000	
97/05/30	融資買進	2880華南金	1,000	28.00	$28,000	$39		$12,000	$16,000	
97/05/30	融資買進	2912統一超	8,000	115.00	$920,000	$1,311		$368,000	$552,000	$
97/05/30	融資買進	2912統一超	8,000	114.50	$916,000	$1,305		$367,000	$549,000	$
97/05/30	融資買進	2912統一超	8,000	114.00	$912,000	$1,299		$365,000	$547,000	$

圖13-3

2008年6月2日當日交割單

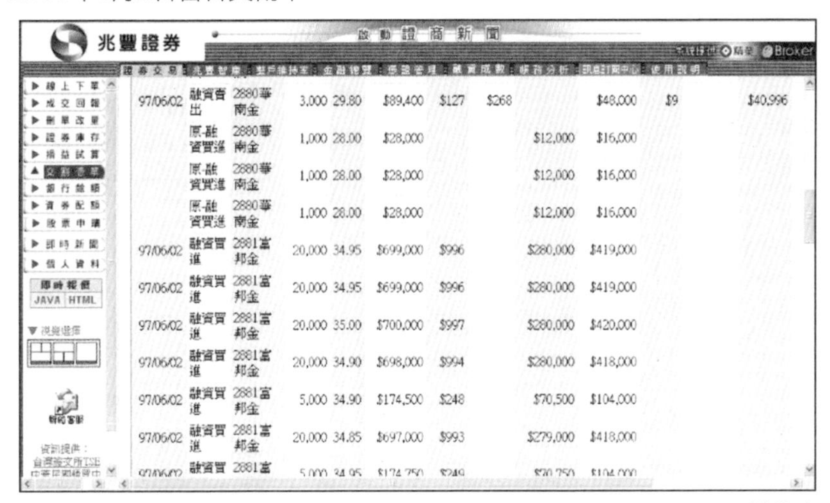

97/06/02	融券賣出	2880華南金	3,000	29.80	$89,400	$127	$268		$48,000	$9	$40,996
	原融資買進	2880華南金	1,000	28.00	$28,000			$12,000	$16,000		
	原融資買進	2880華南金	1,000	28.00	$28,000			$12,000	$16,000		
	原融資買進	2880華南金	1,000	28.00	$28,000			$12,000	$16,000		
97/06/02	融資買進	2881富邦金	20,000	34.95	$699,000	$996		$280,000	$419,000		
97/06/02	融資買進	2881富邦金	20,000	34.95	$699,000	$996		$280,000	$419,000		
97/06/02	融資買進	2881富邦金	20,000	35.00	$700,000	$997		$280,000	$420,000		
97/06/02	融資買進	2881富邦金	20,000	34.90	$698,000	$994		$280,000	$418,000		
97/06/02	融資買進	2881富邦金	5,000	34.90	$174,500	$248		$70,500	$104,000		
97/06/02	融資買進	2881富邦金	20,000	34.85	$697,000	$993		$279,000	$418,000		

圖13-4

其它個股也有這種現象，5月30日茂迪(6244)尾盤最後一筆急拉

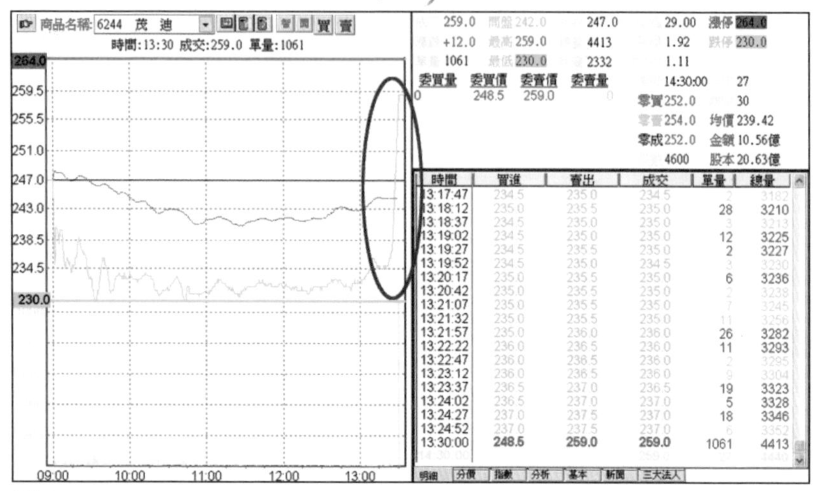

時間	買進	賣出	成交	單量	總量
13:17:47	234.5	235.0	234.5	2	3182
13:18:12	235.0	235.5	235.0	28	3210
13:18:37	234.5	235.0	235.0	3	3213
13:19:02	234.5	235.0	235.0	12	3225
13:19:27	234.5	235.5	235.0	2	3227
13:19:52	234.5	235.0	234.5	3	3230
13:20:17	235.0	235.5	235.0	6	3236
13:20:42	235.0	235.5	235.0	2	3238
13:21:07	235.0	235.5	235.0	7	3245
13:21:32	235.0	235.5	235.0	11	3256
13:21:57	235.0	236.0	236.0	26	3282
13:22:22	236.0	236.5	236.0	11	3293
13:22:47	236.0	236.5	236.0	2	3295
13:23:12	236.0	236.5	236.0	9	3304
13:23:37	236.5	237.0	236.5	19	3323
13:24:02	236.5	237.0	237.0	5	3328
13:24:27	237.0	237.5	237.0	18	3346
13:24:52	237.0	237.5	237.0	6	3352
13:30:00	248.5	259.0	259.0	1061	4413

圖13-5

茂迪(6244)於6月2日開盤開低

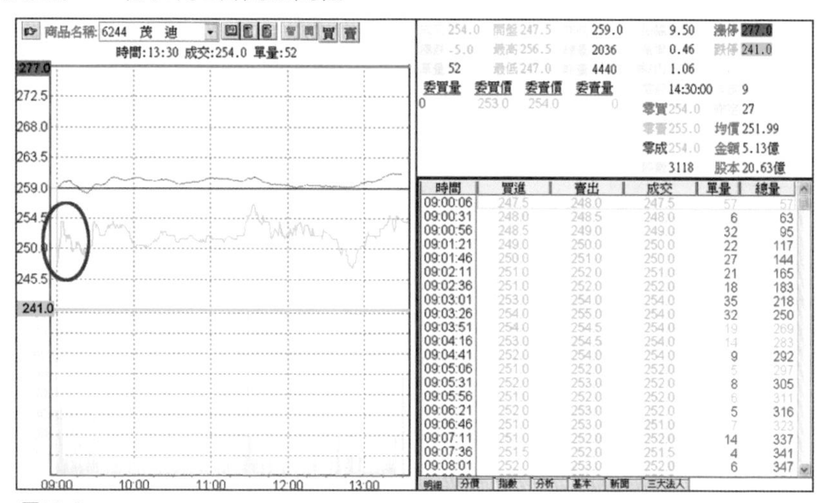

時間	買進	賣出	成交	單量	總量
09:00:06	247.5	248.0	247.5	57	57
09:00:31	248.0	248.5	248.0	6	63
09:00:56	248.5	249.0	249.0	32	95
09:01:21	249.0	250.0	250.0	22	117
09:01:46	250.0	251.0	250.0	27	144
09:02:11	251.0	252.0	251.0	21	165
09:02:36	251.0	252.0	252.0	18	183
09:03:01	253.0	254.0	254.0	35	218
09:03:26	254.0	255.0	254.0	32	250
09:03:51	254.0	254.5	254.0	19	269
09:04:16	253.0	254.5	254.0	14	283
09:04:41	252.0	254.0	254.0	9	292
09:05:06	251.0	252.0	252.0	5	297
09:05:31	252.0	253.0	252.0	8	305
09:05:56	251.0	252.0	252.0	6	311
09:06:21	252.0	253.0	252.0	5	316
09:06:46	251.0	253.0	251.0	7	323
09:07:11	251.0	252.0	252.0	14	337
09:07:36	251.5	252.0	251.5	4	341
09:08:01	252.0	253.0	252.0	6	347

圖13-6

富邦金(2881)於5月30日尾盤最後一筆急拉

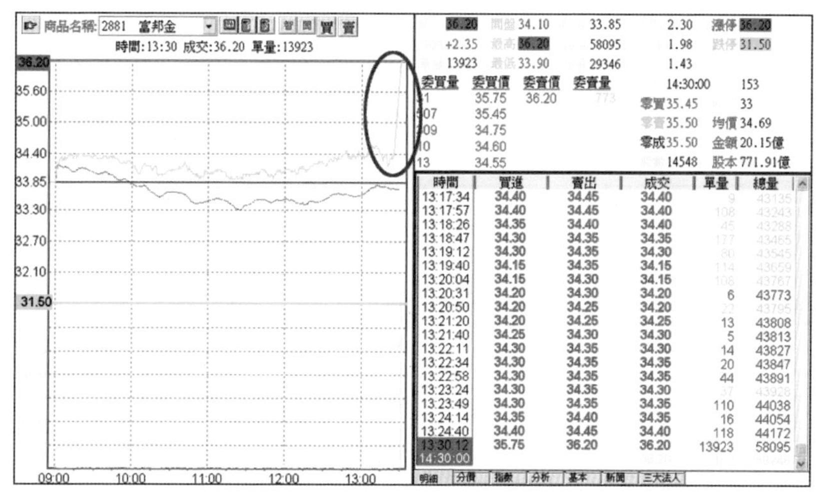

圖13-7

富邦金(2881)於6月2日開盤開低

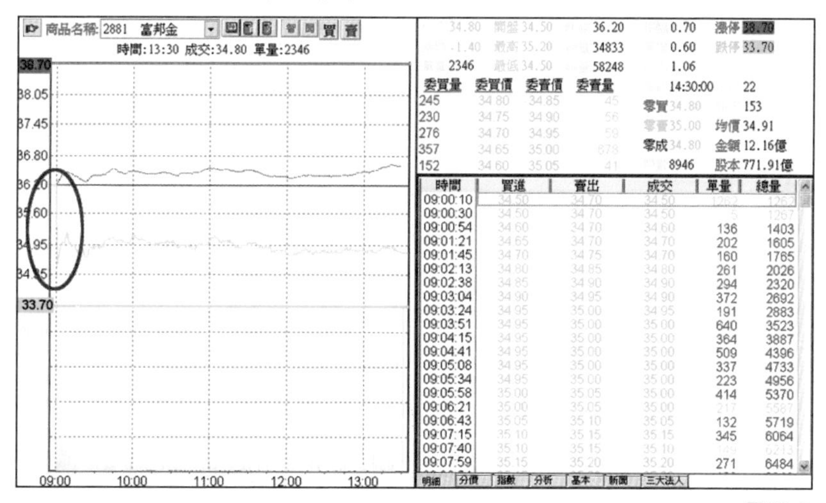

圖13-8

同樣的事2007年也曾發生在華南金(2880)，2007年5月31日

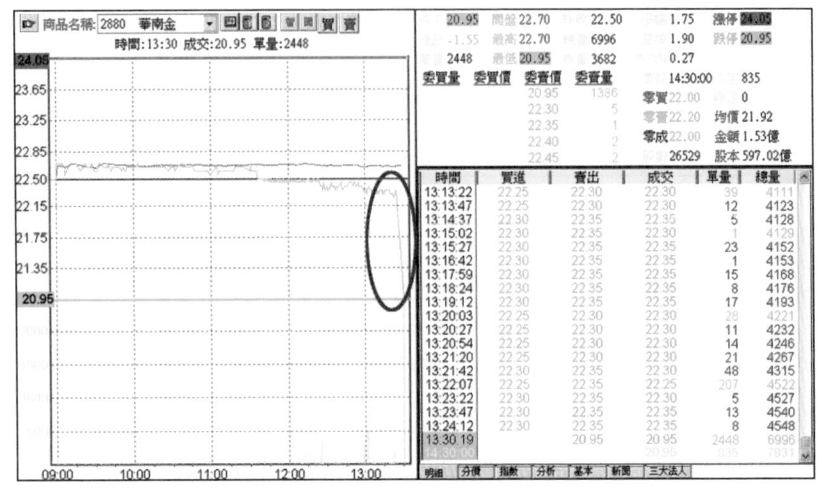

圖13-9

華南金(2880)2007年6月1日

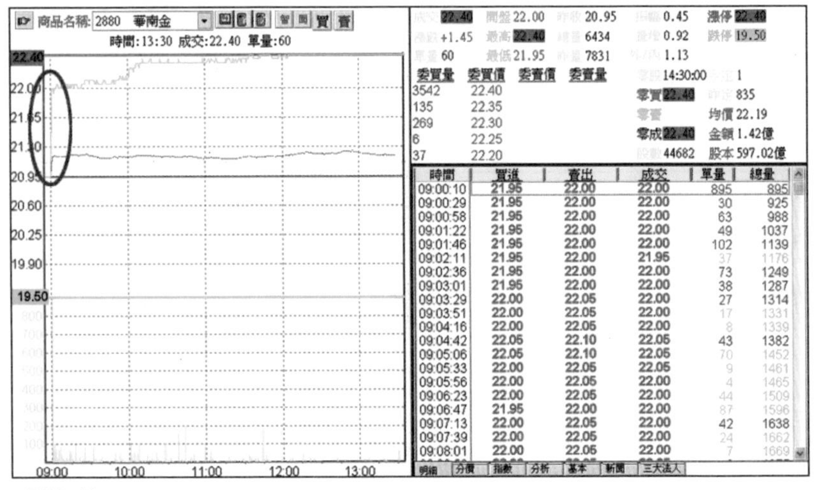

圖13-10

新股抽籤申購

許多準上市或上櫃公司，為了配合法規達到上市櫃股權分散的目的，通常在上市櫃前會提撥一部分比率的股票供投資人申購，而一般申購方式有三種：

1. 詢價圈購：

承銷商探詢市場實際需求狀況，據以訂定承銷價格，並配售給有意承購之投資人，但因雙方並無購買或銷售之義務，所以承銷商得自主決定銷售對象；也就是說，就算你出價出得比別人高，承銷商也不一定願意讓你認購。詢價圈購的配售過程並不透明，承銷商有可能利用配售的裁量權與特定客戶交換利益，所以這並不是一般散戶所能參與的。

2. 競價拍賣：

競價拍賣是請投資人依公告底價來喊價競標，出價愈高的，愈有機會買到；如果得標，則按當初出的價錢和數量來繳款。一般競價拍賣也是法人大戶所參與的市場，這些新股股票該價值多少錢，就由他們去競標參與，而我們小散戶只需要把握下面的公開申購方式即可。

3. **公開申購：**

公開申購配售即一般所謂的公開抽籤，當申購數量超過銷售數量時，以電腦公開抽籤的方式分配，只要有在證券商開設證券交易戶的投資人皆可參加。申購人就每一種有價證券之公開申購僅只能選擇一家經紀商辦理申購，不得重複申購。每次申購需要處理費新台幣20元整，不論有無中籤皆不退還，中籤者須另外支付50元的中籤處理費。

通常公開申購配售因為折價發行，所以參與抽籤的投資人數往往遠大於承銷張數，中籤機率大約是1%~10%不等。中籤機率與價差有很大的關係，所以在多頭市場，新股抽籤往往會造成很大的熱潮，而空頭市場也就相對的冷清。

依照筆者研究，多頭市場存在的價差雖然較大，但相對的參與的人也就越多；空頭市場的價差雖然較小，但參與的人相對較少，中籤率也就大大提高了。市場有一定的機制，所以不論是多頭或空頭，其實抽籤的獲利是差不多的。

抽籤一次需花費的成本就是20元的抽籤處理費，而中籤一次往往有著數萬元的價差，考量機率與獲利，如果每筆抽籤都能參與，則平均每個帳戶的期望值每個月約有300元~500元的收益，雖然一個帳戶只有幾百元的收益，不過以筆者為例，筆者將親戚朋友與家中兄弟姊妹和未成年子女等的帳戶一起拿來抽籤，通常一個月就有近萬元無風險獲利了，而越多帳戶去抽籤獲利也就越穩定，較不會受到運氣影響。

以初上市的台船為例，其承銷張數為87928張，承銷價為每股13.41元，每人可申購兩張，到申購截止日，總申購筆數為86373筆，也就是說每兩筆申購將有一筆中籤。

12月22日上市當天走勢圖

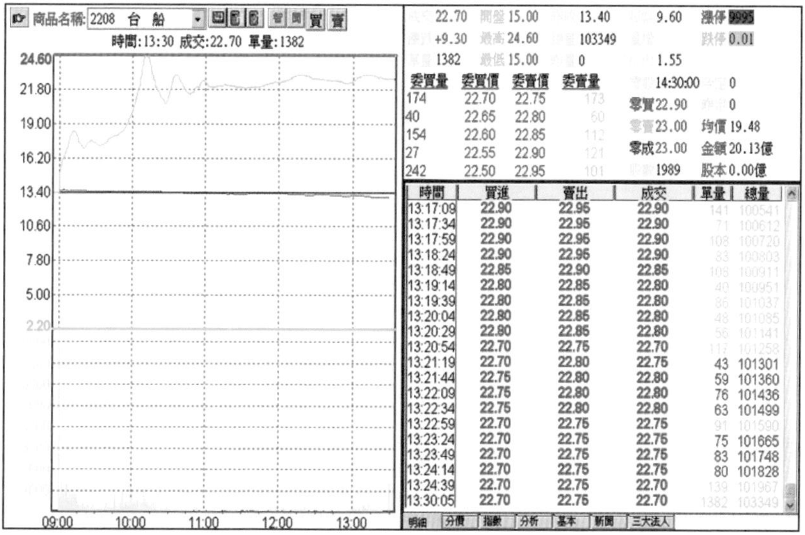

圖13-11

當天開盤價為15元，如果以開盤價賣出計算，平均一張可獲利約1500元，一個帳戶可獲利3000元；如果抽籤人頭帳戶有10個便將有五筆中籤，也就獲利15000元。

同樣的方法在現金增資抽籤也是可行的。通常一家公司現金增資時往往也是折價發行，例如市價20元的股票，可讓股東或一般投資大眾以約15元的價格認購，這樣每張即有5000元的價差了。

現金增資的股票往往中籤後距離新股上市的時間還有約一個月左右，為了規避這一個月市場價格的下跌，筆者建議可以先在確定中籤的時候放空同數量的中籤張數，等到新股上市後再拿來償還融券，如此將可鎖住利潤，避免這一個月裡的不確定因素。

》賺現金增資股

所謂的現金增資，簡單來講就是公司向股東籌資，印股票賣給股東，而收到股東的現金，這是許多公司很常用的籌資管道。通常公司現金增資時，會提撥小部份的比例給市場上的所有投資人抽籤認購。

當然公司要印股票賣給股東，如果價格和市價差不多，那麼願意買的股東可能就不多了，所以一般來講都會以比市價還要便宜的價格賣給股東，這就是所謂的折價發行，一般折價的幅度都差不多在8～20%左右。

許多參加認股的股東並不是打算長期持有的，之所以會認股，主要是因為現金增資的股票比市價便宜，中間有價差存在，當他一拿到股票後，只要市價高於認購價，那就會馬上賣出。

而現增股票開始上市前，繳款憑證會先上市，繳款憑證的意義跟股票差不多，可以當成股票買賣，所以當繳款憑證可以上市買賣時，就等同你的現增股票可以買賣了。

繳款憑證上市當天的開盤往往會有沉重的賣壓，尤其是現增金額比例越多的，賣壓越沉重，所以我們應該避開這些股票，更聰明的作法則是在繳款憑證上市的前一天提前放空，在上市當日回補，這樣就可以穩當的賺進價差了。

先看和鑫前一日的行情，走勢開高走低，最高價曾到漲停板，但盤中卻越盤越低，賣壓沉重，可見聰明人還不少。因為這些人都知道明天增資股要出籠，而這檔股票前6個交易日已大漲28.7%，與現增價位之價差非常大，所以參與現增的人一拿到股票，隨便賣都賺，勢必湧出獲利了結的大量賣單。

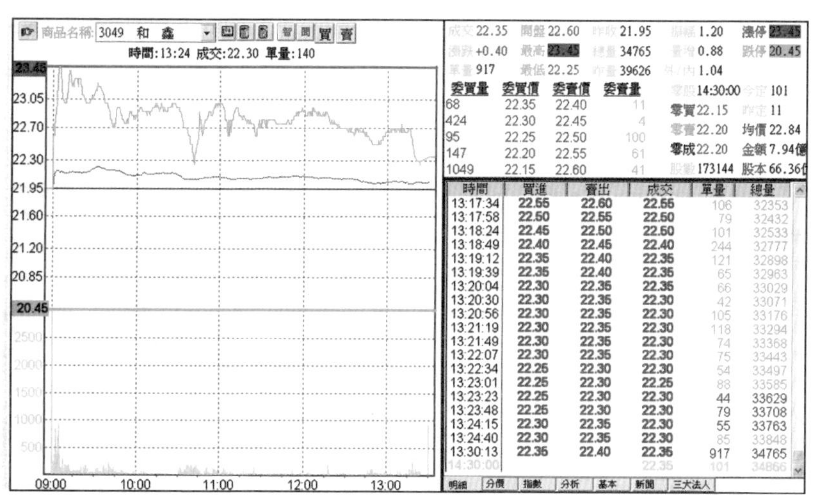

圖13-12

果不其然，12/3一開盤，增資股出籠，開盤以跌停開出，如果前一日最後一盤以收盤價融券賣出，開盤價以跌停回補，那麼將立刻現賺7%。即使補不到跌停板這麼漂亮的價位，當天股價跌幅均在4%以上，賺個4%也是遊刃有餘的。

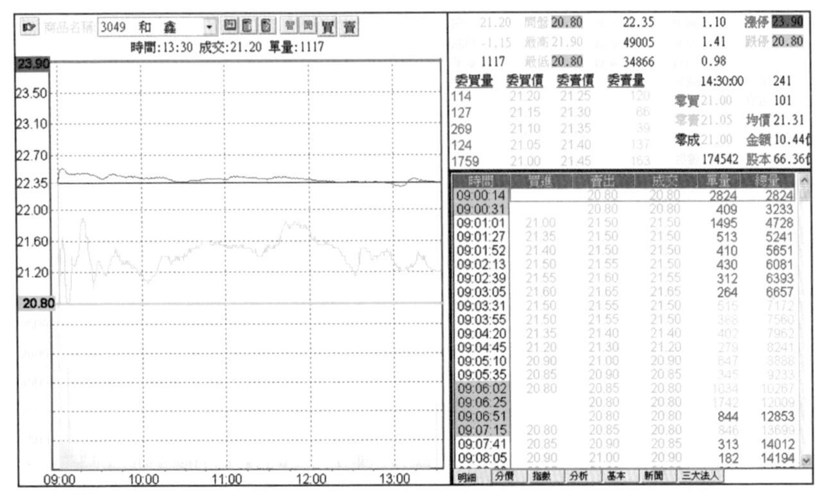

圖13-13

增資股上市前一天，威盛的走勢已相當疲軟。

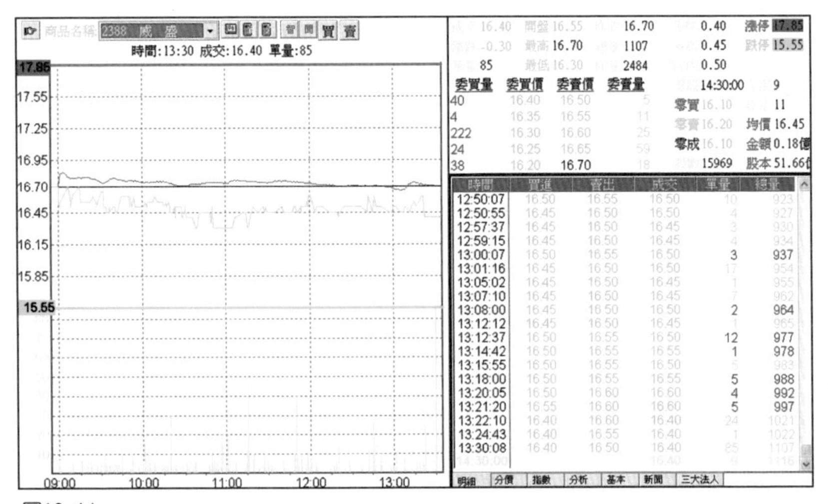

圖13-14

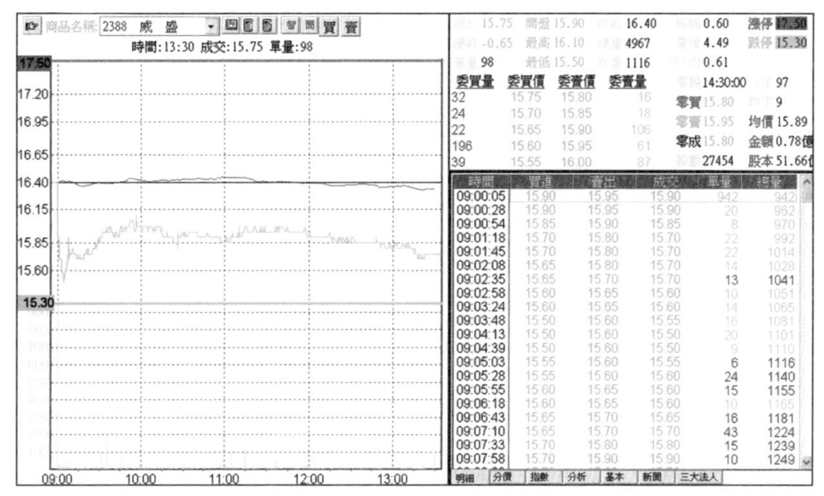

委買量	委買價	委賣價	委賣量
32	15.75	15.80	16
24	15.70	15.85	18
22	15.65	15.90	106
196	15.60	15.95	61
39	15.55	16.00	87

時間	買進	賣出	成交	單量	總量
09:00:05	15.90	15.95	15.90	942	942
09:00:28	15.90	15.95	15.90	20	962
09:00:54	15.85	15.90	15.85	8	970
09:01:18	15.70	15.80	15.70	22	992
09:01:45	15.70	15.80	15.70	22	1014
09:02:08	15.65	15.80	15.70	14	1028
09:02:35	15.65	15.70	15.70	13	1041
09:02:58	15.60	15.65	15.60	10	1051
09:03:24	15.60	15.65	15.60	14	1065
09:03:48	15.50	15.60	15.55	16	1081
09:04:13	15.50	15.60	15.50	20	1101
09:04:39	15.50	15.60	15.50	9	1110
09:05:03	15.55	15.60	15.55	6	1116
09:05:28	15.55	15.60	15.60	24	1140
09:05:55	15.60	15.65	15.60	15	1155
09:06:18	15.60	15.65	15.60	10	1165
09:06:43	15.65	15.70	15.65	16	1181
09:07:10	15.65	15.70	15.70	43	1224
09:07:33	15.70	15.80	15.80	15	1239
09:07:58	15.70	15.90	15.90	10	1249

圖13-15

12/4增資股上市後，一開盤就重挫3%，不同於和鑫的是，威盛在增資股出籠前，股價已經一路盤跌，在增資股出籠當天，一樣難逃重挫的厄運。

因此如果我們要去放空操作這類現金增資的股票，最重要的就是要先挑出繳款憑證上市時，將會跌得較多的股票，這樣才有肉吃。那要如何知道是否會跌得較多呢？我們可以用科學與客觀的角度來思考影響其股價的原因：

1. **現增的股票總張數**：如果現金增資的總張數非常大，那麼上市後的賣壓當然就大了。（註：現增的股票張數並不代表當天的總賣壓，畢竟參加現增的人通常只有一部份會賣在上市當天的開盤價，大部份的投資人可能都是較長期的持有。）

   而現增的股票張數也要再與該股平日的成交量相互比較會較客

觀。假設某檔股票現增張數有3萬張，而該股平日的成交量每日約10幾萬張，那麼對股價的影響就沒那麼大。如果某檔股票現增張數有3萬張，而該股平日的成交量只有幾百張，那麼對股價的影響就會較大了。

2. **現金增資公開申購電腦抽籤**：公開申購電腦抽籤的數量越大，那麼之後的賣壓也會越大。畢竟會參加電腦抽籤的投資人，大部份都是著眼於該現增價與市價有一定的價差，通常這類投資人會在繳款憑證上市當天就賣出，形成賣壓。

3. **可看該股的董監事持股比率**：因為一般的現增都是按照原股東的持股比例下去認購的，持股比越高，認購的股票越多。而如果董監事持股比率很高，表示現增的籌碼大都集中在經營階層手上，則繳款憑證上市當天的賣壓就會小很多；相對的，如果都是由眾散戶們下去認購的，那麼賣壓就會大很多。

4. **市價與認購之間的價差**：如果價差越大，代表現增的人賺得越多，通常賣壓就會大很多。相對的，如果價差非常小，甚至市價低於現增價，那麼繳款憑證上市當天，持有人的賣壓就會非常小，畢竟賣出就賠錢了。

我們以聯上發這檔股票來看：

證交所重大訊息公告

(2537)聯上發—公告本公司101年度現金增資發行新股認股價格及代收價款、存儲價款銀行之相關訊息

1. 董事會決議或公司決定日期：101/09/06。

2. 發行股數：20,000,000股。

3. 每股面額：10元。

4. 發行總金額：200,000,000元。

5. 發行價格：新台幣12元。

該公司決定現金增資2萬張股票，每股定價12元，我們再來看看該公司最近平日的成交量。

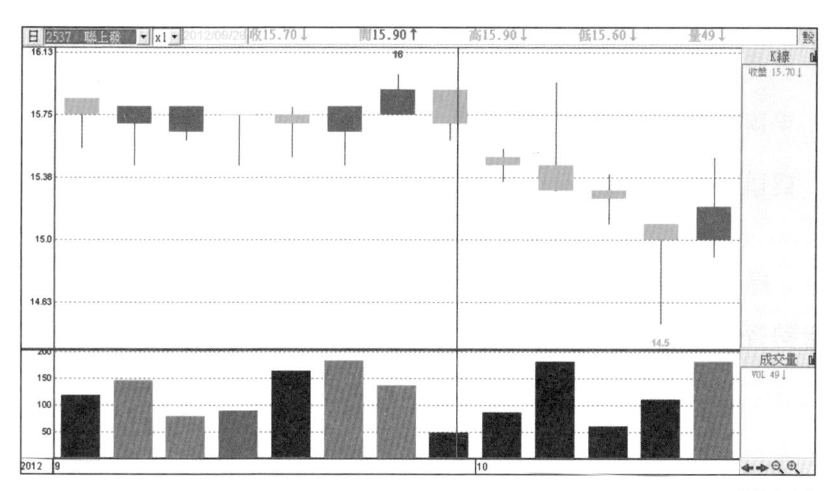

圖13-16

從圖中可看出，該股每日只有50～150張左右的成交量，而現增的總張數為2萬張，這2萬張裡只要有1/50的人賣出，那就400張了。

再從以下這則新聞可看出其公開抽籤張數有1700張，這1700張是最不安定的籌碼。

10/3辦理聯上發上市現增普通股公開申購電腦抽籤說明

(101/09/28 08:10:30)

本(101)年10月03日上午9時，辦理聯上開發股（代號：2537）上市現金增資普通股公開申購電腦抽籤相關說明如下：

1. 申購期間：101/09/27～101/10/01。

2. 中籤處理費暨認購股款解交日：101/10/04。

3. 申購總股數：1,700,000股。

4. 申購單位：1,000股。

5. 認購每股金額：12.000元。

繳款憑證上市日為101年10月12日，可想而知該股上市日的走勢賣壓一定會很重，是否真是如此呢？我們來看看吧！

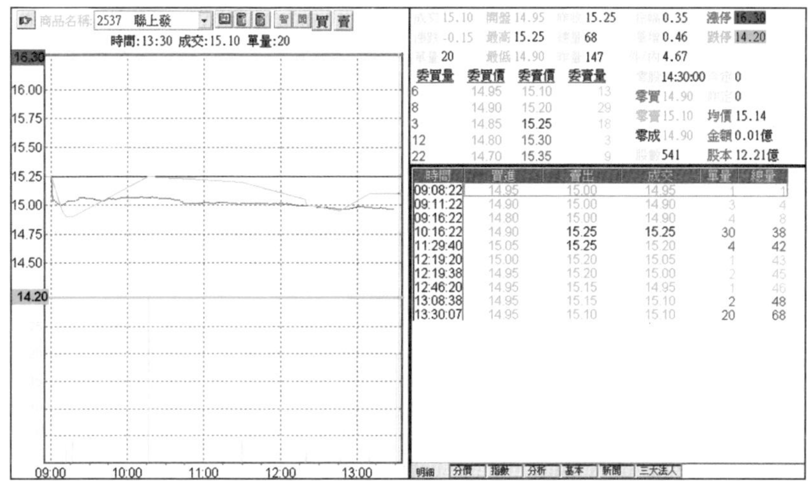

圖13-17

上市的前一天（10/11）股價並沒什麼波動，但成交量只有68張，且該股票市價為15元左右，與認購價12元有兩成多的價差，因此明天即將承受沉重的賣壓。

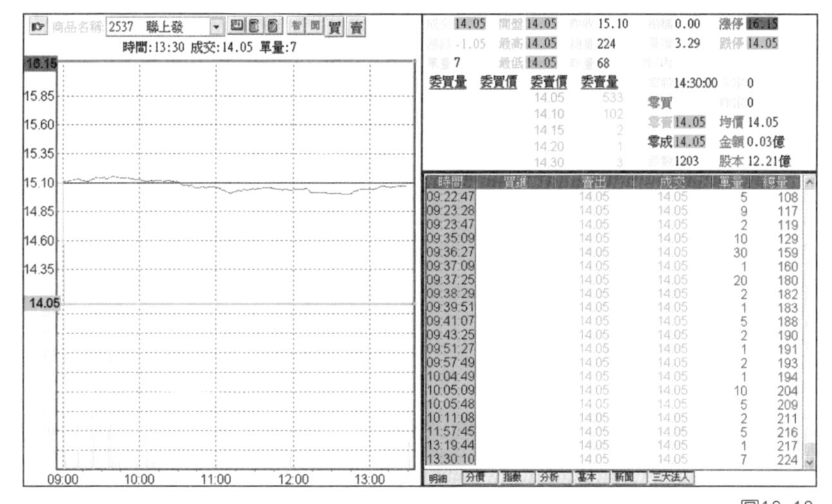

圖13-18

果不其然，10月12日開盤即跌停鎖死。

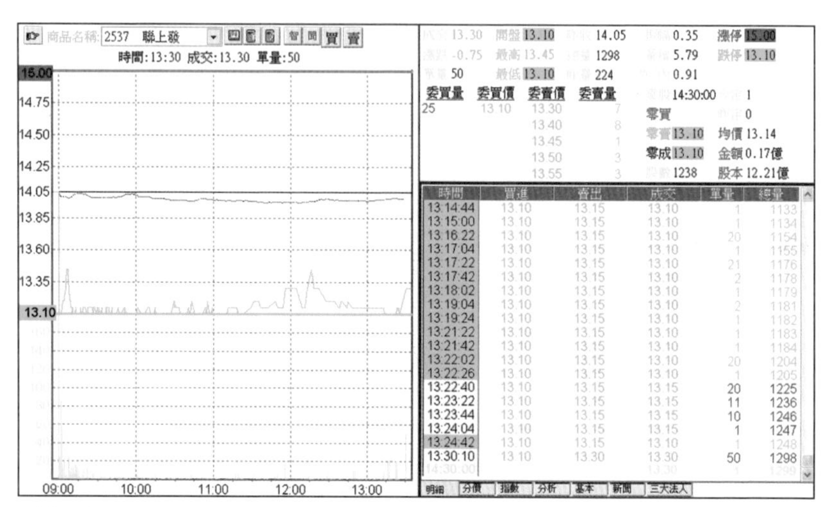

圖13-19

13日開盤又再跌停了一根。

另一種現金增資股的賺錢法，是選定現金增資折價比率與認股較高的股票，在現金增資的認股基準日持有，隔日再賣出，這樣可取得增資認股的權利，同時再放空未來可認股的股數，以鎖住利潤。

筆者以中橡（2104）為例，說明現金增資股該如何認購及放空。這檔股票在2009年10月底舉辦現金增資，證交所公告中橡現金增資新股的內容：

1. 董事會決議或公司決定日期：98/10/22。

2. 發行股數：108,000千股。

3. 每股面額：新台幣10元。

4. 發行總金額：3,304,800千元。

5. 發行價格：每股30.6元。（以發行價與市價的差距來預估是否有利可圖。）

6. 原股東認購比率：增資發行股數80%，計86,400千股，由原股東按認股基準日股東名簿記載之股東及其持股比例分別認購之，即每千股認購195.818股，認購率為19.58%。（也就是說你買進一張，就可以認購195.818股。）

7. 最後過戶日：98/11/09。

8. 股款繳納期間：98/11/18～98/11/25。

9. 中橡98年現增股款繳納憑證12/3起開始買賣。

從公告中我們可以得知中橡即將現金增資新股，以每股30.6元的價格發行，原股東每千股可以認購195股。現金增資認股跟除權息一樣，會訂一個除權息基準日（交易日），只需要在基準日前一天收盤前買進並持有，隔天即使你賣出持股，還是一樣享有認股的權利。公司會將現金增資的繳款憑證通知書寄給你，你可以自行決定繳款（參與增資）或不繳款（不參與增資）。

操作這種股票，我們只需要在那一個特定日的尾盤買進，並於隔日賣出，就能擁有認股的資格。至於認股的資格是以那個日期為準呢？主要是以最後過戶日的前兩個營業日為主。以中橡為例，2009年11月9日為最後過戶日，前兩個營業日為11月5日，所以我們只要在11月5日尾盤買進持有，並於隔日11月6日賣出持股，那麼就擁有認股權了。

中橡11月5日收盤價為35.8元，與認股價30.6元有5.2元的價差，按下列操作四步驟買賣，即可穩賺逾70%的年化報酬率。

步驟一：

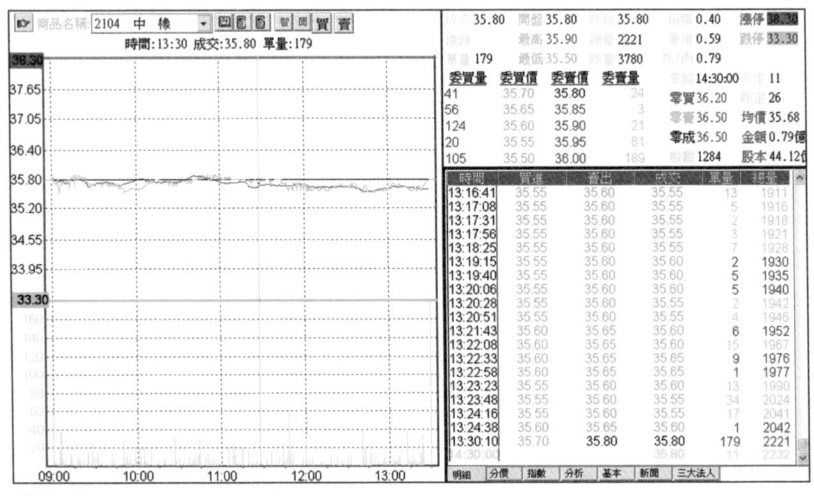

圖13-20

11月5日尾盤以35.8元買進10張中橡，金額為35,8000元，交易成本為35,8000×0.001425＝511元

步驟二：

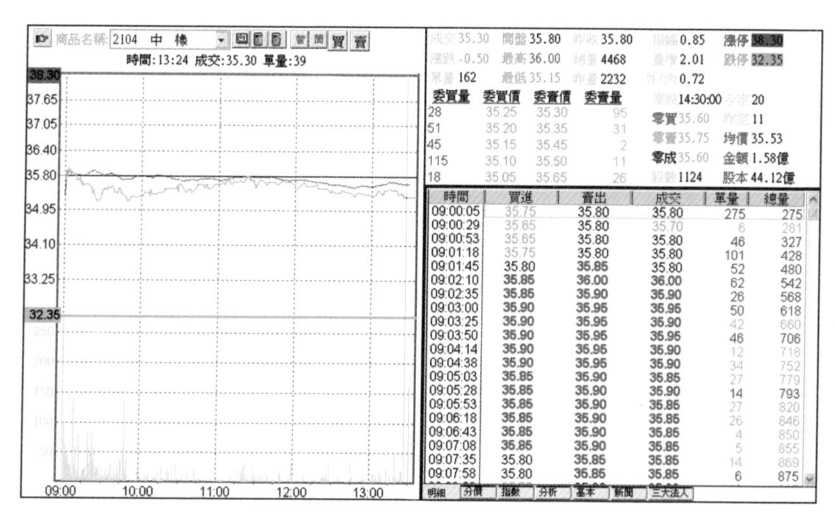

圖13-21

11月6日開盤賣出10張中橡，並同時融券放空2張中橡。（因買進10張中橡持股，可得到2張的認股權。）

賣出10張中橡現股，交易成本為：

手續費：35,8000×0.001425＝511元

證交稅：35,8000×0.003＝1074元

該筆交易成本為：511元＋511元＋1074元＝2096元

融券放空2張中橡，交易成本為：

7,1600元×0.001425＝102元

7,1600元×0.003＝214元

融券手續費為7,1600元×0.001＝72元

該筆總交易成本為102＋214＋72＝388元

步驟三：

融券放空賣出價35.8元，認股價30.6元，每股有5.2元的價差獲利。

1950股（可認股股數）×5.2元（價差）＝1,0400元

但真正的獲利還需扣除手續費、證交稅……等成本，故1,0400元－2096元－388元=7656元

因為已經有用融券先鎖住了獲利，之後股價的漲跌都與我們無關了，我們已經確定獲利7656元。

步驟四：

中橡的股款繳納期間為98/11/18～98/11/25，需按時繳交股款（1股30.6元，共可購買1950股），總共需要繳納1950股×30.6元＝5,9670元。之後將於12月3日撥發1950股的股款繳納憑證，收到1950股後（會自動撥入集保戶頭），只需於當日收盤再買進50股的零頭，湊滿2000股後，將可直接以融券償還，結束該筆交易。

這項操作方式，以一個月左右的時間，卡住約12萬元的資金，可獲得無風險報酬率約7000多元，如果換成年報酬率，則是逾70%的報酬率。

買進中橡增資股操作時間表

2009年11月

一	二	三	四	五	六	日
						1
2	3	4	5	6	7	8
9	10	11	12	13	14	15
16	17	18	19	20	21	22
23	24	25	26	27	28	29
30						

11/05 在尾盤買進持有。

11/06 賣出持股，擁有認股權。

11/09 最後過戶日。

11/18～11/25 繳納股款的時間。

至於如何找出現金增資股的標的與相關資訊，可至聚財網，進入後點選台股資訊。

圖13-22

再點選左邊欄位中的除權即可。

圖13-23

台股資訊　收盤行情　三大法人　透視個股　技術線圖　資券餘額　智慧選股　類股營收　查股名代號　基金淨值

訊息 轉讓 重大 全額 IPO 停資 股東會 產品 法說會 除權 最近 個股 類股 新股

以下按照日期先後排序　換成股票代號排序

除權除息時間表

代碼	名稱	日期	配息(元/股)	無償配股 資配(元/股)	無償配股 盈配(元/股)	現增(股/仟股)	認購價(元/股)	員工紅利轉增資(張)
5206	坤悅	2012/11/05				156.65796345	13	0
1314	中石化	2012/11/08		0	1.75	0	0	0
2841	台開	2012/11/08		0	0.61548	0	0	444
1795	美時	2012/11/14				225.38190625	0	0
4905	台聯電	2012/11/15	0.5					
9906	興達	2012/11/19		0	0.34	0	0	0
5516	雙喜	2012/11/22	0					
8050	廣積	2012/11/23		0	0.5	96.356524	32	167
5011	久陽	2012/11/29	1.8					

圖13-24

股票市場裡處處是機會，只要你細心觀察，其實賺錢可以很輕鬆的。

拾肆、空頭市場的投資策略

2008年520總統就職後，世界各國包括台灣的股市開始進入大空頭，這波空頭來得又急又快，許多人受傷慘重，但相對也是另一次的財富重新分配。股票其實很簡單，跌多了就會上漲，漲上來大家就會覺得景氣變好了，所以股票總是會領先反映未來的景氣。

這波下來也吸引我開始買進長期投資的持股，長期投資就該買在大家悲觀時，因為利空不斷，所以股價才能如此便宜。景氣永遠都是循環的，不景氣也總是會過去，而在一片悲觀中買股票卻是相對安全的，如同2008年初大盤指數在八千多點，投資人一片樂觀，後來雖然一度上漲到九千多點，不過在八千多點買進的人到現在終究是賠錢的。

許多人覺得全球的經濟出了很大的問題，最壞的情況還沒到來，打開電視都是休無薪假或裁員的新聞，甚至隨便在菜市場問一下賣菜的老太太，她也會跟你說現在是全球金融風暴……等等的話。

這個利空如此不好，以美股來講並沒有漲跌幅限制，也就是說，現在的股價已經反映在這些利空上了。但新聞大家都會看，不論是買股票或賣股票也都會看，你會這樣想，代表別人也會這樣想，那為什麼現在會有成交量呢？有成交量就是代表有人賣出並有人買進，買進的人是傻瓜嗎？

若以跌幅來計，美國是這波金融風暴的源頭，道瓊指數從13000點跌至2008年12月底的8500點左右；那斯達克指數從2700點跌至現在的1500點左右，其實跌幅並未達到一半，而台股卻從9000點跌到現在的4000點，跌幅已經超過一半，這也說明台股是超跌，買進台股是相對安全的。

投資股票當然就是要在不景氣時買進，現在台股遍地黃金，很多公司從幾十塊跌到剩幾塊錢，真的是非常便宜！如果大家有注意過去幾年的線圖，當大盤反彈時，幾塊錢的股票漲個數倍是沒有什麼問題的，但重點是他要不會倒，如何看他會不會倒呢？前文所提的關於董監持股就是很好的依據。

一般股價在幾塊錢的股票都是虧損的公司，但是董監持股越高的公司，出問題的機率就越低。試想，一些公司連你都覺得很便宜要買了，董監他們會不知道要買嗎？但他們的持股為什麼才那麼一些呢？像2、3塊錢的歌林，大家都知道他很便宜，土地資產極豐厚，但他們的董監為什麼不多買一些，持股才一點點呢？

長期投資要賺就賺大的，現在買幾塊錢的水餃股，將來可能獲利好幾倍，但投資前總是要先想好最壞的情況，如果公司不幸倒閉呢？

投資切忌集中在單一個股，因為不只風險大，假如有任何風吹草動，也很容易就被洗出去，而無法賺到數倍的行情。所以我一次買了近30種股票，而且都找些董監持股高的水餃股，就算運氣不好倒了幾家，但將來大盤反彈時，其他股票也可以讓我賺取數倍獲利，這樣算是很划算的投資。並且持股總類多，就不會想去看每支股票的新聞，更何況大部分的新聞看了也沒用，只會擾亂你持股的決心。

說到這裡，讀者應該有個疑問，為什麼要選擇低價股而不選擇大型績優股呢？原因很簡單，因為空頭市場來臨時，大部分投資人通常會選擇大型績優股買進，覺得大型績優股才能安然度過景氣寒冬，也因此而造成小型股的超跌，但站在反市場的角度，越多人選擇的股票通常就越不會上漲；再者，過去數年來，空頭市場的第一季通常有所謂的資金行情，而資金行情所帶動上漲的往往是業績欠佳的低價股。綜合上述理由，我會選擇董監持股高的低價股，作為明年第一季的持股標的。

至於一般小型股的投機飆漲應該會結束在3、4月左右，因為4月底必須公布去年度與今年第一季的財務報表，低價股很容易因為財報淨值低於5元而被打入全額交割股，所以主力通常會在財報公布前就先行出貨離場。

當許多散戶看著小型股天天飆漲，最後受不了誘惑賣出手中的大型績優權值股、搶進小型股時，通常這個時候就是主力出場的時間點，而大型績優權值股在信心不足的散戶賣出後，則在4、5月配合除權旺季的到來開始上漲。

所以散戶永遠是輸家，這也說明為什麼買進的股票都不會漲，等到賣出時卻又開始上漲。

此外，投資最重要的就是資金控管，有多少錢就作多少投資，千萬別用融資，再怎麼看好也要先考慮到最壞的情況，如此晚上才可以睡得安穩。

所以我有嚴格的資金控管配合分批買進，現在四千多點的時候先建立基本持股，如果就此漲上來，那自己也是獲利的；假如續跌，還可以逢低再加碼，怎麼想都是美好的。

富驊(5465)，董監持股極高的低價股

兆豐證券 Mega Securities

股票代號/名稱 5465

選任日期:97/06/13

職稱	姓名/法人名稱	持股張數	持股比例	質押張數	質押比率
董事	大驊投資(股)-王理國	2,258	1.92%	0	0.00%
董事兼總經理	大驊投資(股)-胡博文	2,258	1.92%	0	0.00%
監察人	仕基投資(股)-張永建	2,626	2.23%	0	0.00%
監察人	仕基投資(股)-張永慶	2,626	2.23%	0	0.00%
大股東	台達電(股)	7,689	6.53%	0	0.00%
協理	吳崇斌	0	0.00%	0	0.00%
協理兼財會主管	宋碧雲	0	0.00%	0	0.00%
總經理	胡博文	450	0.38%	0	0.00%
協理	范仁德	1	0.00%	0	0.00%
法人代表	張永建	1,464	1.24%	0	0.00%
法人代表	張永慶	950	0.81%	0	0.00%
董事長	張連生	32,180	27.34%	30,140	93.66%
董事	梁金樹	1,774	1.51%	0	0.00%
大股東	富貴驊投資(股)	8,044	6.83%	0	0.00%
大股東	富驊(股)	3,080	2.62%	0	0.00%
大股東	富驊建設(股)	10,988	9.33%	0	0.00%
大股東	渣打銀託管戶	3,635	3.09%	0	0.00%
董事	劉朝洲	0	0.00%	0	0.00%
大股東	慶怡投資(股)	3,780	3.21%	0	0.00%
監察人	鄧愛威	50	0.04%	0	0.00%

*來自年報的大股東資料，是指股權佔前十名的股東。若當中大股東剛好是：董事、監察人、經理

圖14-1

富驊(5465)日k圖

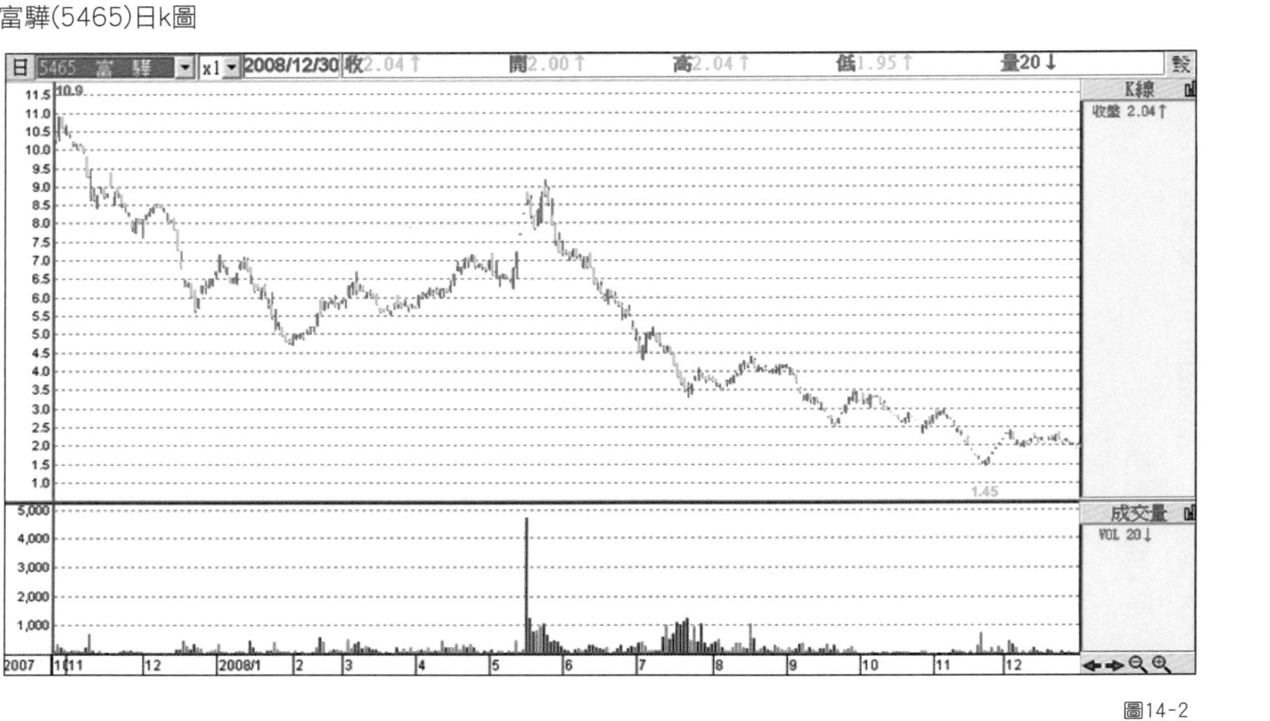

圖14-2

在空頭市場，小型股往往會超跌。

附表：買賣交割單與獲利統計

近兩年當沖獲利統計表(不包含隔日沖)

月份	當月損益	累計
2006年06月	+555,002	555,002
2006年07月	-110,036	444,966
2006年08月	+115,418	560,384
2006年09月	+48,264	608,648
2006年10月	+207,913	816,561
2006年11月	+733,420	1,549,981
2006年12月	+605,832	2,155,813
2007年01月	+832,349	2,988,162
2007年02月	+72,266	3,060,428
2007年03月	+242,575	3,303,003
2007年04月	+444,670	3,747,673
2007年05月	+455,063	4,202,736
2007年06月	+296,653	4,499,389
2007年07月	+995,992	5,495,381
2007年08月	+595,165	6,090,546
2007年09月	+219,398	6,309,944
2007年10月	+701,456	7,011,400
2007年11月	+703,010	7,714,410
2007年12月	+468,518	8,182,928
2008年01月	+795,006	8,977,934
2008年02月	+120,197	9,098,131
2008年03月	+297,829	9,395,960
2008年04月	+263,087	9,659,047
2008年05月	+328,584	9,987,631
2008年06月	+272,060	10,259,691
2008年07月	+231,979	10,491,670
2008年08月	+314,206	10,805,876
2008年09月	+345,765	11,151,641

2008年10月政府禁止放空；2006年6月之前的交割單因在其它家券商開戶，且已經銷戶，故不可考。

各月份交割單

- 交割單左下角的當沖賺賠＝買賣價差－證交稅－全額手續費

  筆者手續費為1.7折，但券商皆先收全額手續費，於下個月再退還83%的手續費，所以

  實際當沖損益＝(手續費83%退佣)＋(當沖賺賠)

2006年06月

獲利 555,002元

當沖損益＝(手續費83%退佣)＋(當沖賺賠)

740,287元×0.83－59,436元＝555,002元

兆豐證券　啟動證商新聞

證券交易 | 兆豐智庫 | 客戶維持率 | 金融總覽 | 憑證管理 | 融資成數 | 帳務分析 | 訊息訂閱中心 | 使用說明

線上下單 / 成交回報 / 刪單改量 / 證券庫存 / 損益試算 / 交割憑單 / 銀行餘額 / 資券配額 / 股票申購 / 即時新聞 / 個人資料 / 即時報價 JAVA HTML / 視窗選擇 / 線上客服 / 資訊提供：台灣證交所TSE

95/06/13	$21,492,450	$30,619	$29,773	$15,483,601	$14,889,100		$7,937		$679,779
95/06/14	$30,834,000	$43,929	$48,864	$20,928,743	$22,305,400	$186	$11,674	$652,328	$46,981
95/06/15	$21,463,500	$30,574	$32,323	$14,996,213	$16,108,100		$8,616		$-13,987
95/06/16	$29,156,500	$41,538	$43,902	$20,368,047	$21,883,200		$11,703		$-15,357
95/06/19	$29,381,500	$41,859	$44,185	$20,514,557	$22,045,700		$11,777		$22,321
95/06/20	$28,828,500	$41,074	$43,354	$20,128,998	$21,630,400		$11,559		$21,487
95/06/21	$29,155,980	$41,539	$44,218	$20,276,311	$21,771,700		$11,664	$155,789	$-69,770
95/06/22	$29,462,720	$41,983	$44,474	$20,981,594	$21,729,400		$11,849	$8,674	$-79,740
95/06/23	$35,103,500	$50,009	$52,896	$24,475,676	$26,299,000		$14,056	$55,753	$11,214
95/06/26	$18,926,500	$26,962	$27,657	$13,056,337	$14,119,100		$7,373		$222,492
95/06/27	$17,990,920	$25,629	$28,234	$12,693,959	$12,547,900	$60	$6,895	$459,365	$15,263
95/06/28	$21,027,100	$29,954	$31,799	$14,601,243	$15,685,600		$8,382	$118,574	$14,609
95/06/29	$25,391,500	$36,176	$38,196	$18,177,981	$18,605,800		$10,184		$12,056

成交總金額	$519,623,090		
手續費總金額	$740,287	交易稅總金額	
淨收金額	$2,049,638	淨付金額	
當沖賺賠	$-59,436	總淨收付金額	

2006年07月

虧損 -110036

當沖損益＝（手續費83%退佣）＋（當沖賺賠）

385, 247元×0.83－429, 792元＝-110, 036元

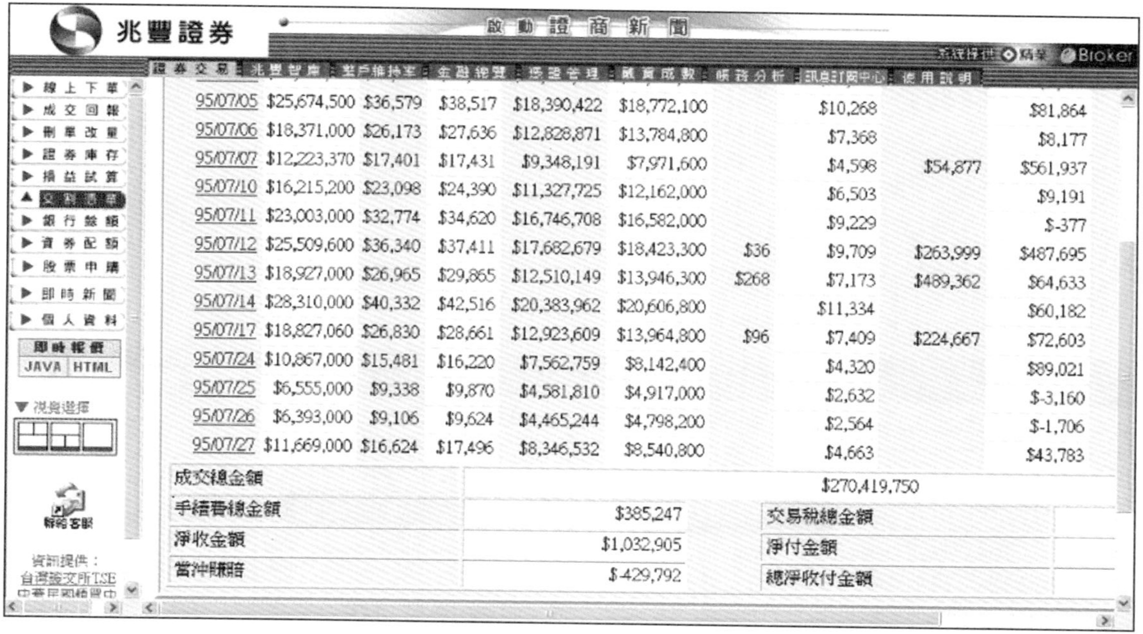

兆豐證券

日期									
95/07/05	$25,674,500	$36,579	$38,517	$18,390,422	$18,772,100		$10,268		$81,864
95/07/06	$18,371,000	$26,173	$27,636	$12,828,871	$13,784,800		$7,368		$8,177
95/07/07	$12,223,370	$17,401	$17,431	$9,348,191	$7,971,600		$4,598	$54,877	$561,937
95/07/10	$16,215,200	$23,098	$24,390	$11,327,725	$12,162,000		$6,503		$9,191
95/07/11	$23,003,000	$32,774	$34,620	$16,746,708	$16,582,000		$9,229		$-377
95/07/12	$25,509,600	$36,340	$37,411	$17,682,679	$18,423,300	$36	$9,709	$263,999	$487,695
95/07/13	$18,927,000	$26,965	$29,865	$12,510,149	$13,946,300	$268	$7,173	$489,362	$64,633
95/07/14	$28,310,000	$40,332	$42,516	$20,383,962	$20,606,800		$11,334		$60,182
95/07/17	$18,827,060	$26,830	$28,661	$12,923,609	$13,964,800	$96	$7,409	$224,667	$72,603
95/07/24	$10,867,000	$15,481	$16,220	$7,562,759	$8,142,400		$4,320		$89,021
95/07/25	$6,555,000	$9,338	$9,870	$4,581,810	$4,917,000		$2,632		$-3,160
95/07/26	$6,393,000	$9,106	$9,624	$4,465,244	$4,798,200		$2,564		$-1,706
95/07/27	$11,669,000	$16,624	$17,496	$8,346,532	$8,540,800		$4,663		$43,783

成交總金額	$270,419,750		
手續費總金額	$385,247	交易稅總金額	
淨收金額	$1,032,905	淨付金額	
當沖賺賠	$-429,792	總淨收付金額	

2006年08月

獲利 115,418元

當沖損益＝(手續費83%退佣)＋(當沖賺賠)

603,890元×0.83－385,810元＝115,418元

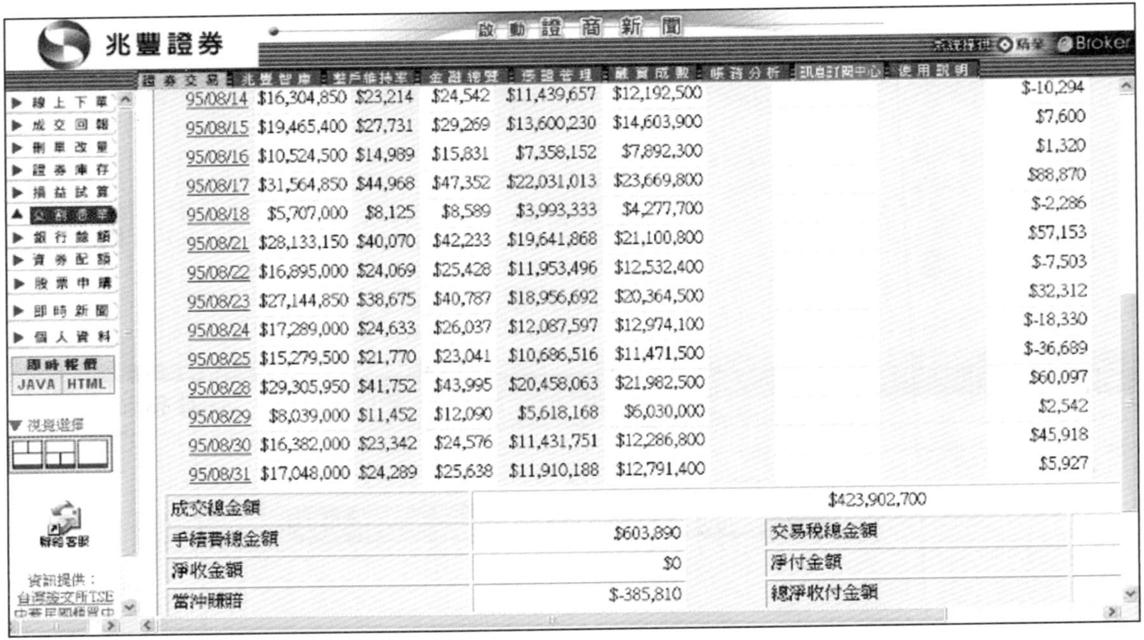

兆豐證券　啟動證商新聞

證券交易｜兆豐智庫｜客戶維持率｜金融總覽｜權證管理｜融資成數｜晤說分析｜訊息訂閱中心｜使用說明

95/08/14	$16,304,850	$23,214	$24,542	$11,439,657	$12,192,500	$-10,294
95/08/15	$19,465,400	$27,731	$29,269	$13,600,230	$14,603,900	$7,600
95/08/16	$10,524,500	$14,989	$15,831	$7,358,152	$7,892,300	$1,320
95/08/17	$31,564,850	$44,968	$47,352	$22,031,013	$23,669,800	$88,870
95/08/18	$5,707,000	$8,125	$8,589	$3,993,333	$4,277,700	$-2,286
95/08/21	$28,133,150	$40,070	$42,233	$19,641,868	$21,100,800	$57,153
95/08/22	$16,895,000	$24,069	$25,428	$11,953,496	$12,532,400	$-7,503
95/08/23	$27,144,850	$38,675	$40,787	$18,956,692	$20,364,500	$32,312
95/08/24	$17,289,000	$24,633	$26,037	$12,087,597	$12,974,100	$-18,330
95/08/25	$15,279,500	$21,770	$23,041	$10,686,516	$11,471,500	$-36,689
95/08/28	$29,305,950	$41,752	$43,995	$20,458,063	$21,982,500	$60,097
95/08/29	$8,039,000	$11,452	$12,090	$5,618,168	$6,030,000	$2,542
95/08/30	$16,382,000	$23,342	$24,576	$11,431,751	$12,286,800	$45,918
95/08/31	$17,048,000	$24,289	$25,638	$11,910,188	$12,791,400	$5,927

成交總金額	$423,902,700		
手續費總金額	$603,890	交易稅總金額	
淨收金額	$0	淨付金額	
當沖賺賠	$-385,810	總淨收付金額	

線上下單　成交回報　刪單改量　證券庫存　損益試算　銀行餘額　資券配額　股票申購　即時新聞　個人資料

即時報價　JAVA　HTML

視覺選擇

聯絡客服

資訊提供：台灣證交所TSE

2006年09月

獲利 48, 264元

當沖損益=(手續費83%退佣)+(當沖賺賠)

375, 355元×0. 83－263, 280元=48, 264元

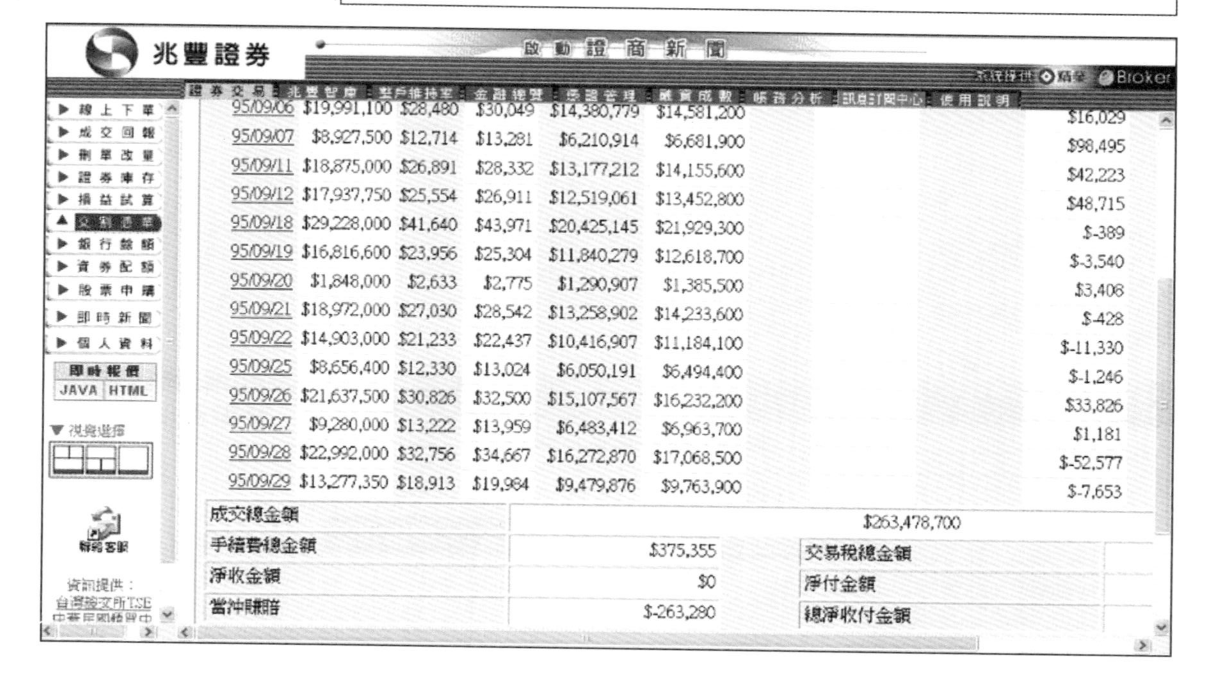

95/09/06	$19,991,100	$28,480	$30,049	$14,380,779	$14,581,200	$16,029
95/09/07	$8,927,500	$12,714	$13,281	$6,210,914	$6,681,900	$98,495
95/09/11	$18,875,000	$26,891	$28,332	$13,177,212	$14,155,600	$42,223
95/09/12	$17,937,750	$25,554	$26,911	$12,519,061	$13,452,800	$48,715
95/09/18	$29,228,000	$41,640	$43,971	$20,425,145	$21,929,300	$-389
95/09/19	$16,816,600	$23,956	$25,304	$11,840,279	$12,618,700	$-3,540
95/09/20	$1,848,000	$2,633	$2,775	$1,290,907	$1,385,500	$3,408
95/09/21	$18,972,000	$27,030	$28,542	$13,258,902	$14,233,600	$-428
95/09/22	$14,903,000	$21,233	$22,437	$10,416,907	$11,184,100	$-11,330
95/09/25	$8,656,400	$12,330	$13,024	$6,050,191	$6,494,400	$-1,246
95/09/26	$21,637,500	$30,826	$32,500	$15,107,567	$16,232,200	$33,826
95/09/27	$9,280,000	$13,222	$13,959	$6,483,412	$6,963,700	$1,181
95/09/28	$22,992,000	$32,756	$34,667	$16,272,870	$17,068,500	$-52,577
95/09/29	$13,277,350	$18,913	$19,984	$9,479,876	$9,763,900	$-7,653

成交總金額	$263,478,700		
手續費總金額	$375,355	交易稅總金額	
淨收金額	$0	淨付金額	
當沖賺賠	$-263,280	總淨收付金額	

2006年10月

獲利 207,913元

當沖損益＝（手續費83%退佣）＋（當沖賺賠）

472,944元×0.83－184,630元＝207,913元

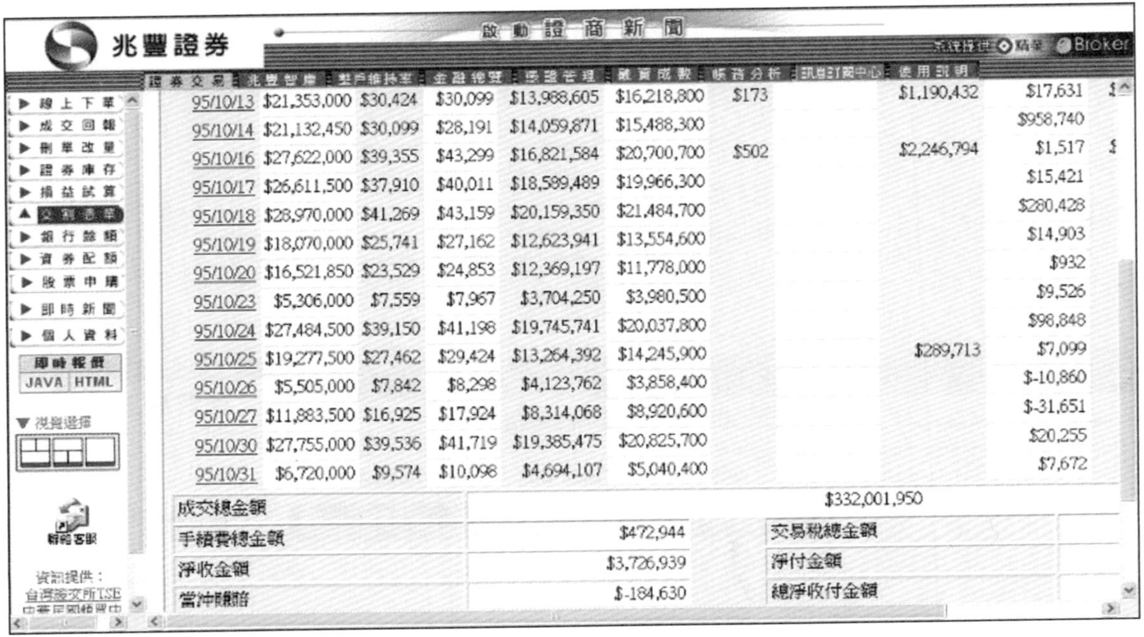

兆豐證券

95/10/13	$21,353,000	$30,424	$30,099	$13,988,605	$16,218,800	$173		$1,190,432	$17,631	$
95/10/14	$21,132,450	$30,099	$28,191	$14,059,871	$15,488,300				$958,740	
95/10/16	$27,622,000	$39,355	$43,299	$16,821,584	$20,700,700	$502		$2,246,794	$1,517	$
95/10/17	$26,611,500	$37,910	$40,011	$18,589,489	$19,966,300				$15,421	
95/10/18	$28,970,000	$41,269	$43,159	$20,159,350	$21,484,700				$280,428	
95/10/19	$18,070,000	$25,741	$27,162	$12,623,941	$13,554,600				$14,903	
95/10/20	$16,521,850	$23,529	$24,853	$12,369,197	$11,778,000				$932	
95/10/23	$5,306,000	$7,559	$7,967	$3,704,250	$3,980,500				$9,526	
95/10/24	$27,484,500	$39,150	$41,198	$19,745,741	$20,037,800				$98,848	
95/10/25	$19,277,500	$27,462	$29,424	$13,264,392	$14,245,900			$289,713	$7,099	
95/10/26	$5,505,000	$7,842	$8,298	$4,123,762	$3,858,400				$-10,860	
95/10/27	$11,883,500	$16,925	$17,924	$8,314,068	$8,920,600				$-31,651	
95/10/30	$27,755,000	$39,536	$41,719	$19,385,475	$20,825,700				$20,255	
95/10/31	$6,720,000	$9,574	$10,098	$4,694,107	$5,040,400				$7,672	

成交總金額	$332,001,950		
手續費總金額	$472,944	交易稅總金額	
淨收金額	$3,726,939	淨付金額	
當沖賺賠	$-184,630	總淨收付金額	

2006年11月

獲利 733,420元

當沖損益＝（手續費83%退佣）＋（當沖賺賠）

683,930元×0.83＋165,759元＝733,420元

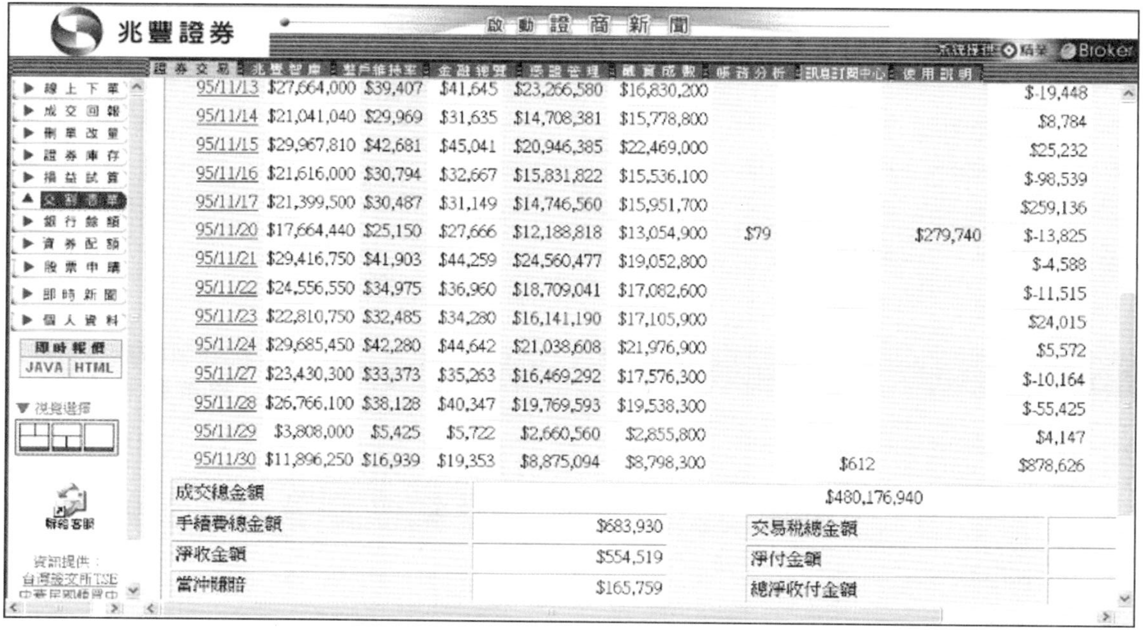

兆豐證券　啟動證商新聞

證券交易 | 兆豐智庫 | 客戶維持率 | 金融理財 | 憑證管理 | 融資成數 | 帳務分析 | 訊息訂閱中心 | 使用說明

線上下單 / 成交回報 / 刪單改量 / 證券庫存 / 損益試算 / 交割憑單 / 銀行餘額 / 資券配額 / 股票申購 / 即時新聞 / 個人資料 / 即時報價 JAVA HTML / 視窗選擇 / 聯絡客服 / 資訊提供：台灣證交所TSE

95/11/13	$27,664,000	$39,407	$41,645	$23,266,580	$16,830,200				$-19,448
95/11/14	$21,041,040	$29,969	$31,635	$14,708,381	$15,778,800				$8,784
95/11/15	$29,967,810	$42,681	$45,041	$20,946,385	$22,469,000				$25,232
95/11/16	$21,616,000	$30,794	$32,667	$15,831,822	$15,536,100				$-98,539
95/11/17	$21,399,500	$30,487	$31,149	$14,746,560	$15,951,700				$259,136
95/11/20	$17,664,440	$25,150	$27,666	$12,188,818	$13,054,900	$79		$279,740	$-13,825
95/11/21	$29,416,750	$41,903	$44,259	$24,560,477	$19,052,800				$-4,588
95/11/22	$24,556,550	$34,975	$36,960	$18,709,041	$17,082,600				$-11,515
95/11/23	$22,810,750	$32,485	$34,280	$16,141,190	$17,105,900				$24,015
95/11/24	$29,685,450	$42,280	$44,642	$21,038,608	$21,976,900				$5,572
95/11/27	$23,430,300	$33,373	$35,263	$16,469,292	$17,576,300				$-10,164
95/11/28	$26,766,100	$38,128	$40,347	$19,769,593	$19,538,300				$-55,425
95/11/29	$3,808,000	$5,425	$5,722	$2,660,560	$2,855,800				$4,147
95/11/30	$11,896,250	$16,939	$19,353	$8,875,094	$8,798,300		$612		$878,626

成交總金額	$480,176,940		
手續費總金額	$683,930	交易稅總金額	
淨收金額	$554,519	淨付金額	
當沖賺賠	$165,759	總淨收付金額	

2006年12月

獲利 605, 832元

當沖損益＝(手續費83%退佣)＋(當沖賺賠)

551, 196元×0. 83＋148, 340元＝605, 832元

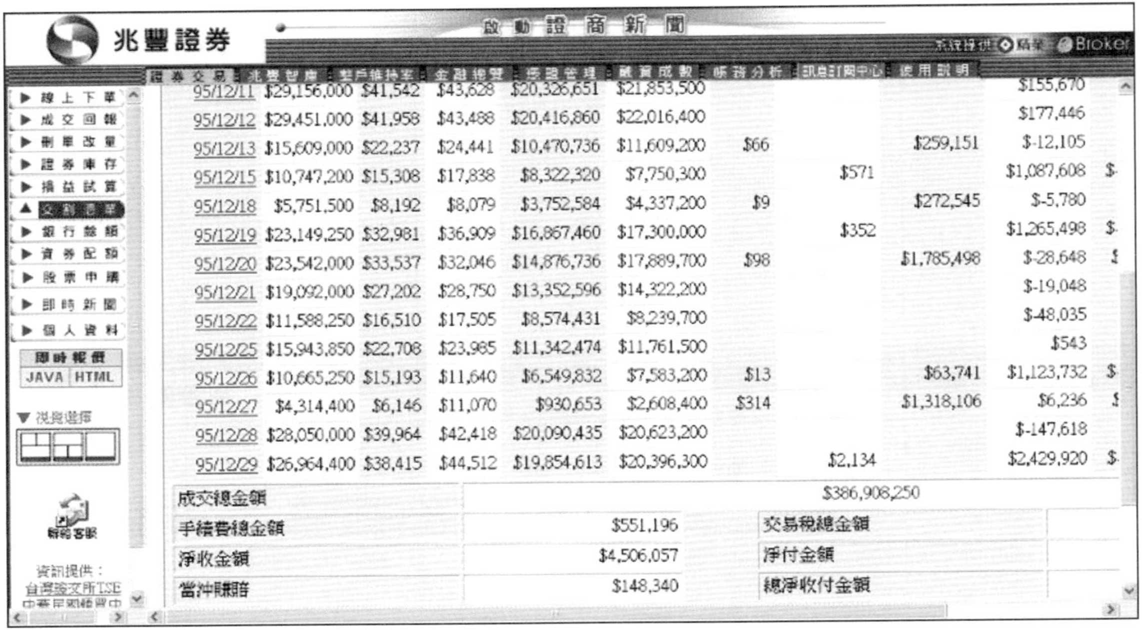

兆豐證券

95/12/11	$29,156,000	$41,542	$43,628	$20,326,651	$21,853,500				$155,670	
95/12/12	$29,451,000	$41,958	$43,488	$20,416,860	$22,016,400				$177,446	
95/12/13	$15,609,000	$22,237	$24,441	$10,470,736	$11,609,200	$66		$259,151	$-12,105	
95/12/15	$10,747,200	$15,308	$17,838	$8,322,320	$7,750,300		$571		$1,087,608	$
95/12/18	$5,751,500	$8,192	$8,079	$3,752,584	$4,337,200	$9		$272,545	$-5,780	
95/12/19	$23,149,250	$32,981	$36,909	$16,867,460	$17,300,000		$352		$1,265,498	$
95/12/20	$23,542,000	$33,537	$32,046	$14,876,736	$17,889,700	$98		$1,785,498	$-28,648	$
95/12/21	$19,092,000	$27,202	$28,750	$13,352,596	$14,322,200				$-19,048	
95/12/22	$11,588,250	$16,510	$17,505	$8,574,431	$8,239,700				$-48,035	
95/12/25	$15,943,850	$22,708	$23,965	$11,342,474	$11,761,500				$543	
95/12/26	$10,665,250	$15,193	$11,640	$6,549,832	$7,583,200	$13		$63,741	$1,123,732	$
95/12/27	$4,314,400	$6,146	$11,070	$930,653	$2,608,400	$314		$1,318,106	$6,236	$
95/12/28	$28,050,000	$39,964	$42,418	$20,090,435	$20,623,200				$-147,618	
95/12/29	$26,964,400	$38,415	$44,512	$19,854,613	$20,396,300		$2,134		$2,429,920	$

成交總金額	$386,908,250		
手續費總金額	$551,196	交易稅總金額	
淨收金額	$4,506,057	淨付金額	
當沖賺賠	$148,340	總淨收付金額	

2007年01月

獲利 832,349元

當沖損益＝（手續費83%退佣）＋（當沖賺賠）

603,614元×0.83＋331,350元＝832,349元

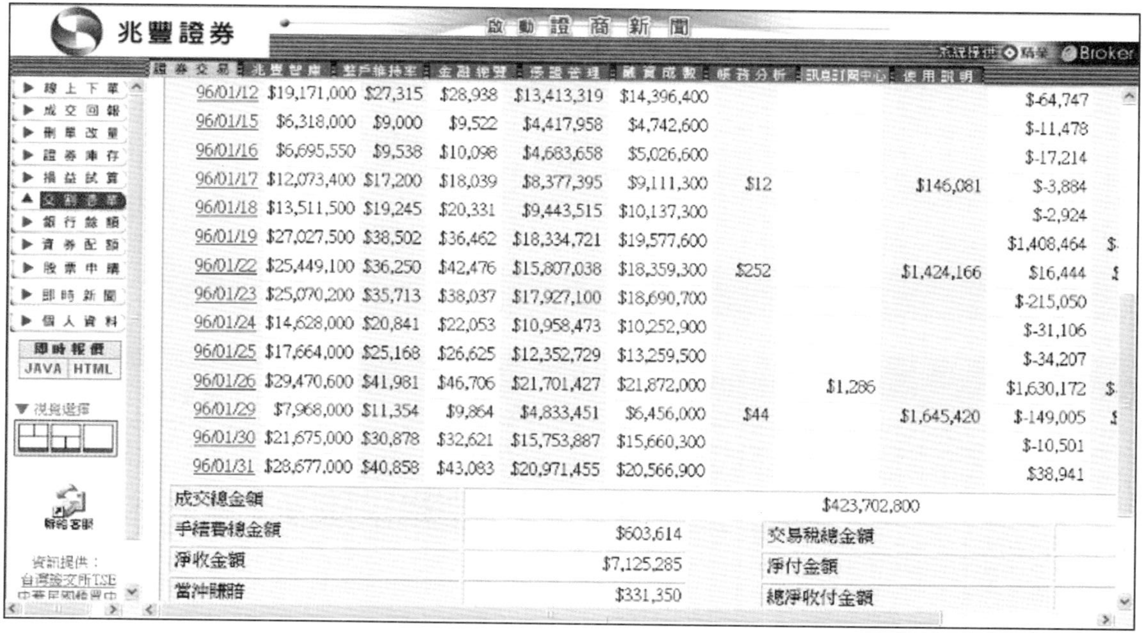

兆豐證券

96/01/12	$19,171,000	$27,315	$28,938	$13,413,319	$14,396,400				$-64,747
96/01/15	$6,318,000	$9,000	$9,522	$4,417,958	$4,742,600				$-11,478
96/01/16	$6,695,550	$9,538	$10,098	$4,683,658	$5,026,600				$-17,214
96/01/17	$12,073,400	$17,200	$18,039	$8,377,395	$9,111,300	$12		$146,081	$-3,884
96/01/18	$13,511,500	$19,245	$20,331	$9,443,515	$10,137,300				$-2,924
96/01/19	$27,027,500	$38,502	$36,462	$18,334,721	$19,577,600				$1,408,464
96/01/22	$25,449,100	$36,250	$42,476	$15,807,038	$18,359,300	$252		$1,424,166	$16,444
96/01/23	$25,070,200	$35,713	$38,037	$17,927,100	$18,690,700				$-215,050
96/01/24	$14,628,000	$20,841	$22,053	$10,958,473	$10,252,900				$-31,106
96/01/25	$17,664,000	$25,168	$26,625	$12,352,729	$13,259,500				$-34,207
96/01/26	$29,470,600	$41,981	$46,706	$21,701,427	$21,872,000		$1,286		$1,630,172
96/01/29	$7,968,000	$11,354	$9,864	$4,833,451	$6,456,000	$44		$1,645,420	$-149,005
96/01/30	$21,675,000	$30,878	$32,621	$15,753,887	$15,660,300				$-10,501
96/01/31	$28,677,000	$40,858	$43,083	$20,971,455	$20,566,900				$38,941

成交總金額	$423,702,800		
手續費總金額	$603,614	交易稅總金額	
淨收金額	$7,125,285	淨付金額	
當沖賺賠	$331,350	總淨收付金額	

2007年02月

獲利 72, 266元

當沖損益＝（手續費83%退佣）＋（當沖賺賠）

313, 683元×0. 83－188, 090元＝72, 266元

兆豐證券　啟動證商新聞

證券交易｜兆豐智庫｜客戶維持率｜金融總覽｜標題管理｜融資成數｜帳務分析｜訊息訂閱中心｜使用說明

▶線上下單
▶成交回報
▶刪單改量
▶證券庫存
▶損益試算
▲交割憑單
▶銀行餘額
▶資券配額
▶股票申購
▶即時新聞
▶個人資料

即時報價　JAVA　HTML

交易日期	價金	手續費	代扣稅款	融資自備款 融券擔保品	融資金額 融券保證金	債息利息	融券手續費 標借費用	淨收金額	淨付金額	
96/02/01	$24,126,500	$34,373	$36,207	$17,548,098	$17,387,700				$58,080	
96/02/02	$23,336,000	$33,245	$35,040	$16,294,318	$17,502,000				$44,285	
96/02/05	$23,319,300	$33,209	$35,105	$16,503,525	$17,494,600				$-16,386	
96/02/07	$19,361,500	$27,582	$29,130	$13,532,535	$14,525,000				$-1,788	
96/02/08	$19,558,000	$27,857	$29,414	$13,670,617	$14,669,300				$4,071	
96/02/09	$5,725,000	$8,157	$8,580	$3,993,345	$4,293,000				$21,737	
96/02/12	$7,889,250	$11,236	$11,839	$5,900,791	$5,523,600				$18,325	
96/02/13	$24,744,300	$35,250	$37,181	$17,433,461	$18,410,400				$29,231	
96/02/14	$29,860,200	$42,537	$44,930	$21,369,933	$21,903,700				$-6,833	
96/02/26	$14,162,050	$20,170	$15,585	$8,787,063	$10,028,100				$1,523,805	$.
96/02/27	$28,127,700	$40,067	$48,142	$17,158,615	$20,160,000	$412		$1,636,666	$40,987	$

成交總金額	$220,209,800		
手續費總金額	$313,683	交易稅總金額	
淨收金額	$1,636,666	淨付金額	
當沖賺賠	$-188,090	總淨收付金額	

視窗選擇

顧問客服

資訊提供：
台灣證交所TSE

2007年03月

獲利 242, 575元

當沖損益＝(手續費83%退佣)＋(當沖賺賠)

755, 172元×0. 83－384, 217元＝242, 575元

兆豐證券

啟動證商新聞

證券交易 | 兆豐智庫 | 客戶維持率 | 金融理財 | 憑證管理 | 融資成數 | 帳務分析 | 訊息訂閱中心 | 使用說明

線上下單 / 成交回報 / 刪單改單 / 證券庫存 / 損益試算 / 交割憑單 / 銀行餘額 / 資券配額 / 股票申購 / 即時新聞 / 個人資料

即時報價 JAVA HTML

96/03/13	$9,080,500	$12,937	$13,650	$6,346,367	$6,809,000		$7,087
96/03/14	$20,833,000	$29,679	$31,317	$15,145,811	$15,036,100		$15,996
96/03/15	$31,651,400	$45,084	$47,647	$22,392,124	$23,483,900		$-21,969
96/03/16	$19,944,000	$28,404	$30,024	$14,156,720	$14,750,700		$-14,372
96/03/19	$31,305,050	$44,586	$46,766	$21,746,527	$23,319,800		$217,402
96/03/20	$31,767,500	$45,255	$47,823	$22,841,964	$23,201,900		$-21,422
96/03/21	$8,731,500	$12,438	$13,132	$6,538,131	$6,113,800		$2,070
96/03/22	$6,768,050	$9,637	$10,189	$5,069,023	$4,741,000		$-5,324
96/03/23	$29,570,200	$42,112	$44,433	$21,726,666	$21,109,100		$32,745
96/03/26	$28,035,600	$39,938	$42,047	$20,491,585	$20,096,500		$85,585
96/03/27	$14,551,360	$20,730	$21,878	$9,811,922	$10,546,600	$267,611	$275,979
96/03/28	$29,879,350	$42,555	$45,008	$22,143,969	$21,171,800		$-39,087
96/03/29	$14,684,500	$20,919	$21,978	$10,975,083	$10,270,400		$75,397
96/03/30	$15,844,490	$22,570	$23,833	$11,570,925	$11,355,300	$17,414	$19,327

成交總金額	$530,130,900		
手續費總金額	$755,172	交易稅總金額	
淨收金額	$1,551,598	淨付金額	
當沖賺賠	$-384,217	總淨收付金額	

2007年04月

獲利 444, 670元

當沖損益＝（手續費83%退佣）＋（當沖賺賠）

509, 793元×0. 83＋21, 542元＝444, 670元

兆豐證券　啟動證商新聞

證券交易｜兆豐智庫｜客戶維持率｜金融總覽｜集團名理｜融資成數｜所得分析｜訊息訂閱中心｜使用說明

96/04/12	$15,059,600	$21,451	$22,644	$10,777,201	$11,042,200				$7,695	
96/04/13	$30,142,950	$42,940	$45,352	$21,207,059	$22,476,000				$-5,758	
96/04/14	$26,188,700	$37,313	$39,242	$18,825,821	$19,078,200				$102,855	
96/04/16	$14,393,950	$20,491	$21,603	$10,663,090	$10,180,900				$32,444	
96/04/17	$31,954,360	$45,509	$48,018	$22,379,542	$23,910,800				$33,687	
96/04/18	$32,879,150	$46,841	$49,401	$23,183,286	$24,665,600				$40,392	
96/04/19	$27,587,790	$39,292	$36,695	$18,646,674	$19,900,200				$1,597,477	$
96/04/20	$6,559,000	$9,335	$16,844	$2,724,567	$4,282,800	$284	$502	$1,647,813	$1,277,722	
96/04/23	$9,525,600	$13,570	$9,895	$5,189,005	$7,092,800	$36		$1,206,886	$573,171	
96/04/24	$7,158,600	$10,197	$13,132	$3,943,027	$5,131,500	$164		$622,040	$-44,067	
96/04/25	$9,885,750	$14,078	$14,886	$6,914,794	$7,414,800				$-9,286	
96/04/26	$8,347,250	$11,887	$12,586	$6,078,687	$6,026,000				$-19,277	
96/04/27	$19,434,500	$27,688	$29,286	$13,588,308	$14,589,400				$-33,526	
96/04/30	$7,736,000	$11,020	$11,655	$5,569,811	$5,645,500				$-11,325	

成交總金額	$357,899,550		
手續費總金額	$509,793	交易稅總金額	
淨收金額	$3,596,476	淨付金額	
當沖賺賠	$21,542	總淨收付金額	

線上下單
成交回報
刪單改單
證券庫存
損益試算
交易憑單
銀行餘額
資券配額
股票申購
即時新聞
個人資料

即時報價
JAVA HTML

視窗選擇

資訊提供：
台灣證交所TSE

2007年05月

獲利 455,063元

當沖損益＝(手續費83%退佣)＋(當沖賺賠)

448,761元×0.83＋82,592元＝455,063元

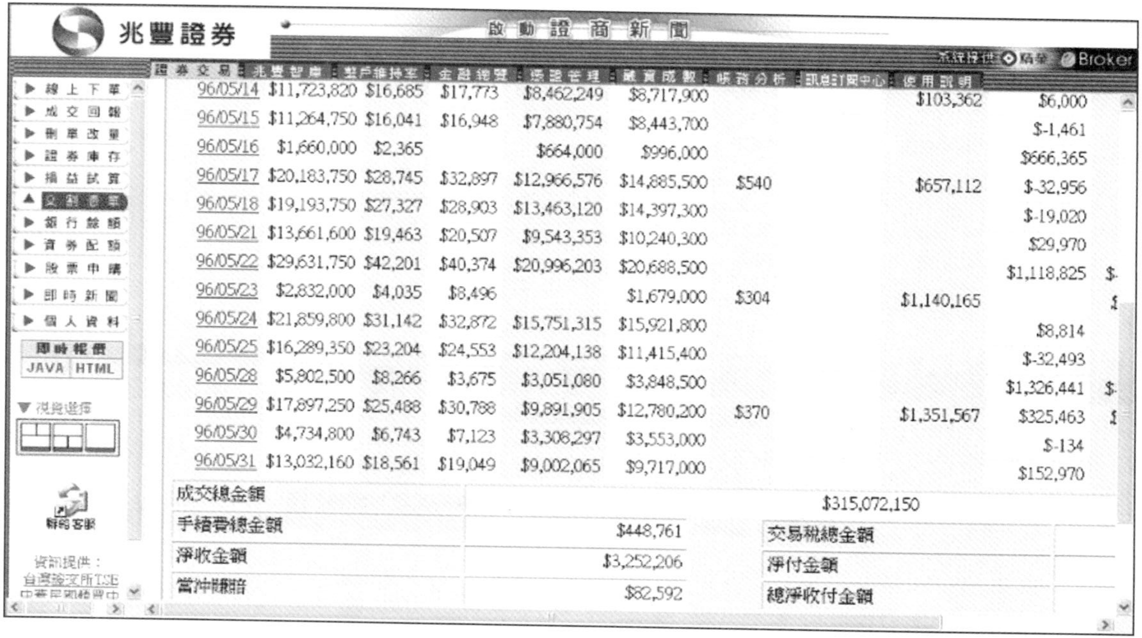

兆豐證券　啟動證商新聞

證券交易　兆豐智庫　客戶維持率　金融總覽　帳務管理　買賣成數　帳務分析　訊息訂閱中心　使用說明

96/05/14	$11,723,820	$16,685	$17,773	$8,462,249	$8,717,900		$103,362	$6,000
96/05/15	$11,264,750	$16,041	$16,948	$7,880,754	$8,443,700			$-1,461
96/05/16	$1,660,000	$2,365		$664,000	$996,000			$666,365
96/05/17	$20,183,750	$28,745	$32,897	$12,966,576	$14,885,500	$540	$657,112	$-32,956
96/05/18	$19,193,750	$27,327	$28,903	$13,463,120	$14,397,300			$-19,020
96/05/21	$13,661,600	$19,463	$20,507	$9,543,353	$10,240,300			$29,970
96/05/22	$29,631,750	$42,201	$40,374	$20,996,203	$20,688,500			$1,118,825
96/05/23	$2,832,000	$4,035	$8,496		$1,679,000	$304	$1,140,165	
96/05/24	$21,859,800	$31,142	$32,872	$15,751,315	$15,921,800			$8,814
96/05/25	$16,289,350	$23,204	$24,553	$12,204,138	$11,415,400			$-32,493
96/05/28	$5,802,500	$8,266	$3,675	$3,051,080	$3,848,500			$1,326,441
96/05/29	$17,897,250	$25,488	$30,788	$9,891,905	$12,780,200	$370	$1,351,567	$325,463
96/05/30	$4,734,800	$6,743	$7,123	$3,308,297	$3,553,000			$-134
96/05/31	$13,032,160	$18,561	$19,049	$9,002,065	$9,717,000			$152,970

成交總金額	$315,072,150		
手續費總金額	$448,761	交易稅總金額	
淨收金額	$3,252,206	淨付金額	
當沖賺賠	$82,592	總淨收付金額	

2007年06月

獲利　296, 653元

當沖損益＝（手續費83%退佣）＋（當沖賺賠）

481, 647元×0. 83－103, 114元＝296, 653元

兆豐證券　啟動證商新聞

證券交易 ｜ 兆豐智庫 ｜ 客戶維持率 ｜ 金融總覽 ｜ 庫存管理 ｜ 融資成數 ｜ 帳務分析 ｜ 訊息訂閱中心 ｜ 使用說明

▶線上下單 ▶成交回報 ▶刪單改量 ▶證券庫存 ▶損益試算 ▲交割憑單 ▶銀行餘額 ▶資券配額 ▶股票申購 ▶即時新聞 ▶個人資料

即時報價 JAVA HTML

▼視覺選擇

服務客服

資訊提供：台灣證交所TSE

96/06/11	$15,078,000	$21,484	$22,482	$10,494,841	$11,294,600				$133,966
96/06/12	$34,099,260	$48,568	$51,307	$24,136,588	$25,575,700				$-8,265
96/06/13	$7,132,000	$10,162	$5,280	$3,902,212	$4,806,000				$1,470,442
96/06/14	$11,754,500	$16,744	$20,586	$6,877,641	$8,458,000	$975		$833,521	$-18,674
96/06/15	$14,345,000	$20,434	$18,420	$8,632,822	$10,328,000	$1,170		$941,848	$-75,128
96/06/20	$11,807,250	$16,816	$13,687	$8,266,119	$8,853,300				$-16,247
96/06/21	$8,706,750	$12,402	$10,127	$6,362,814	$5,367,200				$972,879
96/06/22	$8,922,500	$12,710	$16,518	$4,844,244	$6,155,000	$363		$1,043,532	$-11,377
96/06/23	$6,390,150	$9,093	$9,622	$4,473,960	$4,788,800				$-6,135
96/06/25	$33,346,700	$47,503	$50,226	$23,733,622	$24,608,000				$-41,371
96/06/26	$22,996,800	$32,758	$34,546	$16,065,848	$17,244,200				$32,704
96/06/27	$16,238,450	$23,135	$24,592	$11,692,178	$12,209,600				$-108,823
96/06/28	$12,636,800	$17,999	$16,870	$8,544,922	$9,128,400				$727,469
96/06/29	$17,303,000	$24,634	$19,012	$10,141,552	$11,903,700	$126		$732,025	$1,423,297

成交總金額	$338,139,120		
手續費總金額	$481,647	交易稅總金額	
淨收金額	$4,040,930	淨付金額	
當沖賺賠	$-103,114	總淨收付金額	

2007年07月

獲利 995,992元

當沖損益＝（手續費83%退佣）＋（當沖賺賠）

850,976元×0.83＋289,682元＝995,992元

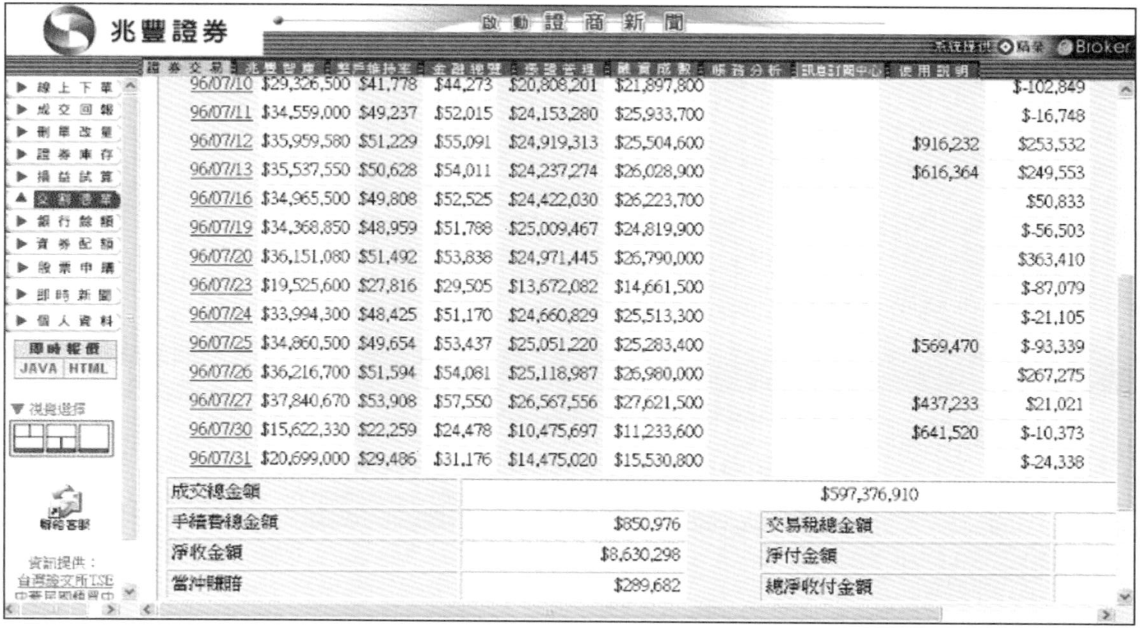

兆豐證券

啟動證商新聞

系統提供 精業 Broker

證券交易 | 兆豐智庫 | 客戶維持率 | 金融總覽 | 憑證管理 | 無實體成數 | 帳務分析 | 訊息訂閱中心 | 使用說明

▶ 線上下單
▶ 成交回報
▶ 刪單改量
▶ 證券庫存
▶ 損益試算
▲ 交割憑單
▶ 銀行餘額
▶ 資券配額
▶ 股票申購
▶ 即時新聞
▶ 個人資料

即時報價 JAVA HTML

▼ 視窗選擇

智能客服

資訊提供：台灣證交所TSE

96/07/10	$29,326,500	$41,778	$44,273	$20,808,201	$21,897,800		$-102,849
96/07/11	$34,559,000	$49,237	$52,015	$24,153,280	$25,933,700		$-16,748
96/07/12	$35,959,580	$51,229	$55,091	$24,919,313	$25,504,600	$916,232	$253,532
96/07/13	$35,537,550	$50,628	$54,011	$24,237,274	$26,028,900	$616,364	$249,553
96/07/16	$34,965,500	$49,808	$52,525	$24,422,030	$26,223,700		$50,833
96/07/19	$34,368,850	$48,959	$51,788	$25,009,467	$24,819,900		$-56,503
96/07/20	$36,151,080	$51,492	$53,838	$24,971,445	$26,790,000		$363,410
96/07/23	$19,525,600	$27,816	$29,505	$13,672,082	$14,661,500		$-87,079
96/07/24	$33,994,300	$48,425	$51,170	$24,660,829	$25,513,300		$-21,105
96/07/25	$34,860,500	$49,654	$53,437	$25,051,220	$25,283,400	$569,470	$-93,339
96/07/26	$36,216,700	$51,594	$54,081	$25,118,987	$26,980,000		$267,275
96/07/27	$37,840,670	$53,908	$57,550	$26,567,556	$27,621,500	$437,233	$21,021
96/07/30	$15,622,330	$22,259	$24,478	$10,475,697	$11,233,600	$641,520	$-10,373
96/07/31	$20,699,000	$29,486	$31,176	$14,475,020	$15,530,800		$-24,338

成交總金額	$597,376,910		
手續費總金額	$850,976	交易稅總金額	
淨收金額	$8,630,298	淨付金額	
當沖賺賠	$289,682	總淨收付金額	

2007年08月

獲利 595,165元

當沖損益＝(手續費83%退佣)＋(當沖賺賠)

1,003,585元×0.83－237,810元＝595,165元

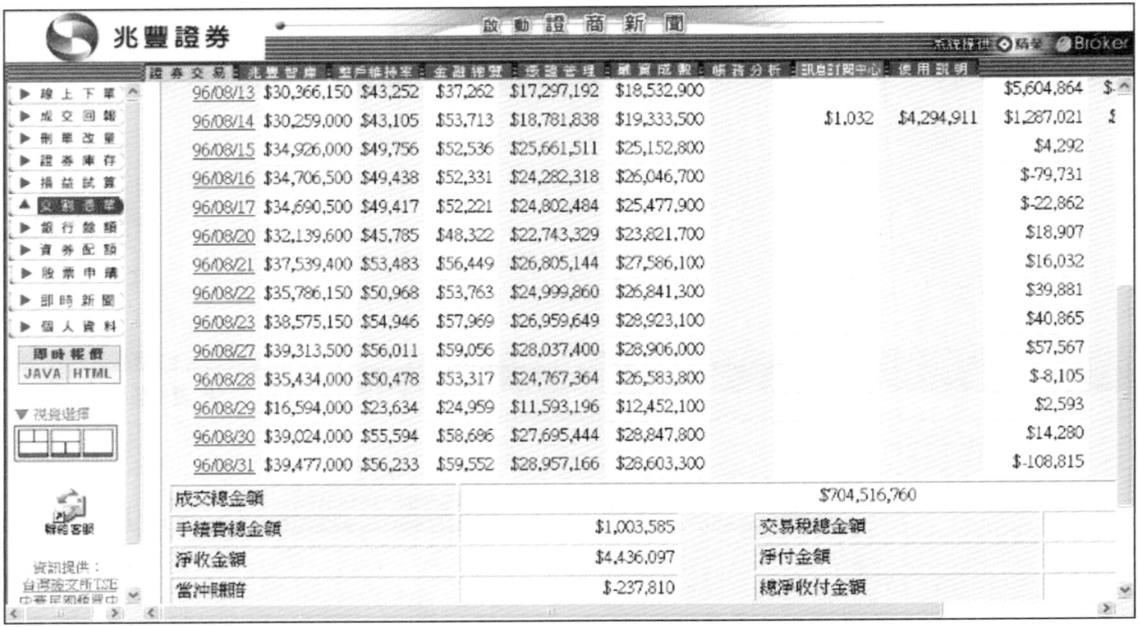

兆豐證券

啟動證商新聞

證券交易 | 兆豐智庫 | 客戶維持率 | 金融總覽 | 憑證管理 | 籌資成數 | 帳務分析 | 訊息訂閱中心 | 使用說明

▶線上下單 ▶成交回報 ▶刪單改量 ▶證券庫存 ▶損益試算 ▲交割憑單 ▶銀行餘額 ▶資券配額 ▶股票申購 ▶即時新聞 ▶個人資料

即時報價 JAVA HTML

▼視窗選擇

轉給客服

資訊提供：台灣證交所TSE 中華民國櫃買中心

96/08/13	$30,366,150	$43,252	$37,262	$17,297,192	$18,532,900			$5,604,864
96/08/14	$30,259,000	$43,105	$53,713	$18,781,838	$19,333,500	$1,032	$4,294,911	$1,287,021
96/08/15	$34,926,000	$49,756	$52,536	$25,661,511	$25,152,800			$4,292
96/08/16	$34,706,500	$49,438	$52,331	$24,282,318	$26,046,700			$-79,731
96/08/17	$34,690,500	$49,417	$52,221	$24,802,484	$25,477,900			$-22,862
96/08/20	$32,139,600	$45,785	$48,322	$22,743,329	$23,821,700			$18,907
96/08/21	$37,539,400	$53,483	$56,449	$26,805,144	$27,586,100			$16,032
96/08/22	$35,786,150	$50,968	$53,763	$24,999,860	$26,841,300			$39,881
96/08/23	$38,575,150	$54,946	$57,969	$26,959,649	$28,923,100			$40,865
96/08/27	$39,313,500	$56,011	$59,056	$28,037,400	$28,906,000			$57,567
96/08/28	$35,434,000	$50,478	$53,317	$24,767,364	$26,583,800			$-8,105
96/08/29	$16,594,000	$23,634	$24,959	$11,593,196	$12,452,100			$2,593
96/08/30	$39,024,000	$55,594	$58,686	$27,695,444	$28,847,800			$14,280
96/08/31	$39,477,000	$56,233	$59,552	$28,957,166	$28,603,300			$-108,815

成交總金額	$704,516,760		
手續費總金額	$1,003,585	交易稅總金額	
淨收金額	$4,436,097	淨付金額	
當沖賺賠	$-237,810	總淨收付金額	

2007年09月

獲利 219, 398元

當沖損益＝（手續費83%退佣）＋（當沖賺賠）

710, 387元×0. 83－370, 223元＝219, 398元

兆豐證券

啟動證商新聞

Broker

證券交易 兆豐智庫 客戶維持率 金融總覽 憑證管理 贏盲成數 條苗分析 訊息訂閱中心 使用說明

線上下單
成交回報
刪單改量
證券庫存
損益試算
交割憑單
銀行餘額
資券配額
股票申購
即時新聞
個人資料

即時報價 JAVA HTML

視窗選擇

智能客服

資訊提供：台灣證交所TSE

96/09/07	$21,757,500	$30,992	$32,730	$15,205,225	$16,323,000				$1,222
96/09/10	$39,558,550	$56,349	$59,941	$28,607,995	$28,458,500			$203,148	$-84,112
96/09/11	$14,726,350	$20,974	$22,127	$10,713,716	$10,619,000				$16,651
96/09/12	$39,603,600	$56,408	$59,545	$27,891,776	$29,488,100				$21,953
96/09/13	$34,794,450	$49,559	$52,260	$24,374,520	$25,928,900				$54,669
96/09/14	$14,119,200	$20,111	$21,127	$9,959,039	$10,384,300				$75,438
96/09/17	$13,720,550	$19,534	$20,641	$9,595,107	$10,287,900				$-1,075
96/09/19	$30,692,850	$43,716	$45,189	$20,993,352	$22,535,400				$651,255
96/09/20	$28,879,920	$41,139	$43,190	$21,085,799	$20,502,400				$170,249
96/09/21	$37,624,150	$53,602	$56,336	$26,190,503	$28,121,000		$2		$350,879
96/09/26	$39,982,700	$56,962	$59,552	$28,039,490	$29,416,500	$2		$127,729	$349,552
96/09/27	$38,868,100	$55,378	$58,072	$27,077,448	$29,127,500				$265,350
96/09/28	$38,470,520	$54,810	$57,748	$26,764,037	$28,723,800			$25,384	$107,262
96/09/29	$27,526,600	$39,211	$41,548	$20,337,047	$19,755,200			$51,273	$-40,368

成交總金額	$498,698,990		
手續費總金額	$710,387	交易稅總金額	
淨收金額	$407,534	淨付金額	
當沖賺賠	$-370,223	總淨收付金額	

2007年10月

獲利 701,456元

當沖損益＝(手續費83%退佣)＋(當沖賺賠)

783,156元×0.83＋51,437元＝701,456元

96/10/09	$39,675,000	$56,526	$59,530	$27,691,199	$29,756,600				$76,456	
96/10/11	$11,895,350	$16,943	$17,968	$8,291,228	$8,916,000	$14		$15,606	$-8,319	
96/10/12	$33,907,300	$48,299	$51,038	$24,265,022	$24,879,400				$-20,063	
96/10/15	$14,992,100	$21,356	$22,548	$10,477,844	$11,245,400				$4,004	
96/10/16	$30,125,450	$42,912	$51,576	$22,303,034	$23,215,800		$3,344		$3,759,442	$-
96/10/17	$20,141,000	$28,693	$23,967	$11,137,653	$15,720,700	$109		$3,714,284	$8,675	$
96/10/18	$29,324,250	$41,778	$53,705	$23,224,938	$22,127,500		$5,100		$5,699,024	$-
96/10/19	$27,873,500	$39,711	$32,054	$15,855,222	$20,785,100	$166		$5,530,038	$25,946	$
96/10/22	$42,393,000	$60,398	$63,609	$30,269,182	$31,113,300				$110,007	
96/10/23	$29,515,500	$42,050	$44,430	$20,628,967	$22,150,000				$-18,020	
96/10/24	$31,907,150	$45,450	$48,001	$22,302,351	$23,934,800				$-599	
96/10/25	$18,104,500	$25,789	$27,300	$12,667,233	$13,587,000				$-42,411	
96/10/26	$15,747,000	$22,432	$23,738	$11,012,988	$11,820,800				$-32,830	
96/10/31	$22,629,800	$32,223	$34,111	$16,513,488	$16,299,500				$-44,866	

成交總金額	$549,785,010		
手續費總金額	$783,156	交易稅總金額	
淨收金額	$9,347,043	淨付金額	
當沖賺賠	$51,437	總淨收付金額	

2007年11月

獲利 703,010元

當沖損益＝（手續費83%退佣）＋（當沖賺賠）

721,465元×0.83＋104,195元＝703,010元

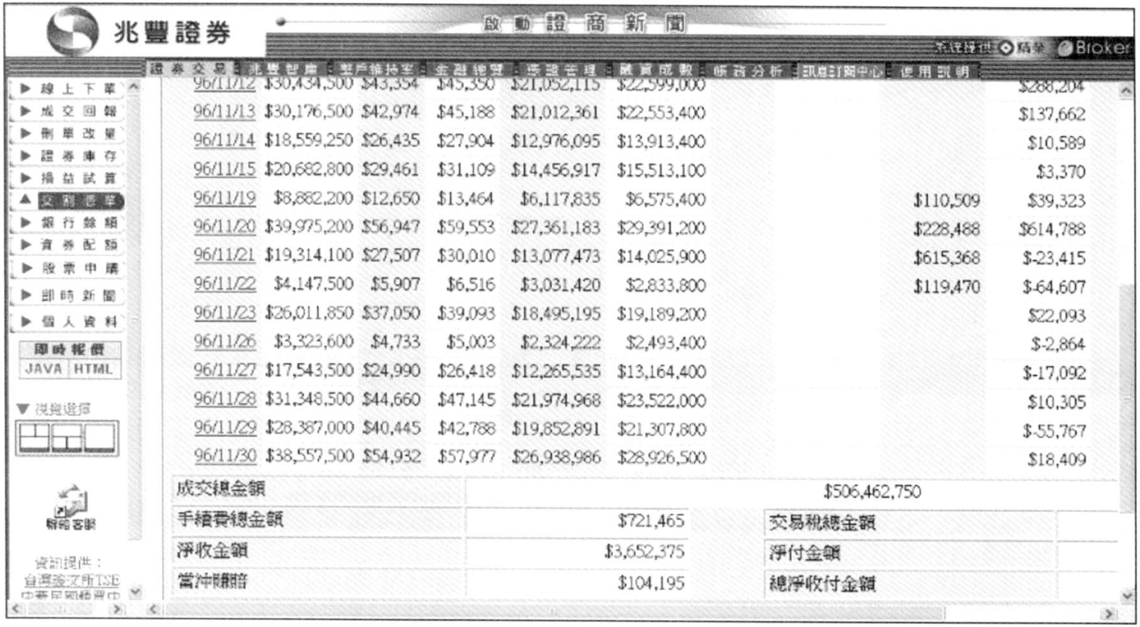

兆豐證券

啟動證商新聞

證券交易 | 兆豐智庫 | 客戶維持率 | 金融總覽 | 憑證管理 | 籌資成數 | 帳務分析 | 訊息訂閱中心 | 使用說明

線上下單 / 成交回報 / 刪單改量 / 證券庫存 / 損益試算 / 交割憑單 / 銀行餘額 / 資券配額 / 股票申購 / 即時新聞 / 個人資料

即時報價 JAVA HTML

視窗選擇

聯絡客服

資訊提供：台灣證交所TSE

96/11/12	$30,434,500	$43,354	$45,350	$21,052,115	$22,599,000			$288,204
96/11/13	$30,176,500	$42,974	$45,188	$21,012,361	$22,553,400			$137,662
96/11/14	$18,559,250	$26,435	$27,904	$12,976,095	$13,913,400			$10,589
96/11/15	$20,682,800	$29,461	$31,109	$14,456,917	$15,513,100			$3,370
96/11/19	$8,882,200	$12,650	$13,464	$6,117,835	$6,575,400		$110,509	$39,323
96/11/20	$39,975,200	$56,947	$59,553	$27,361,183	$29,391,200		$228,488	$614,788
96/11/21	$19,314,100	$27,507	$30,010	$13,077,473	$14,025,900		$615,368	$-23,415
96/11/22	$4,147,500	$5,907	$6,516	$3,031,420	$2,833,800		$119,470	$-64,607
96/11/23	$26,011,850	$37,050	$39,093	$18,495,195	$19,189,200			$22,093
96/11/26	$3,323,600	$4,733	$5,003	$2,324,222	$2,493,400			$-2,864
96/11/27	$17,543,500	$24,990	$26,418	$12,265,535	$13,164,400			$-17,092
96/11/28	$31,348,500	$44,660	$47,145	$21,974,968	$23,522,000			$10,305
96/11/29	$28,387,000	$40,445	$42,788	$19,852,891	$21,307,800			$-55,767
96/11/30	$38,557,500	$54,932	$57,977	$26,938,986	$28,926,500			$18,409

成交總金額	$506,462,750		
手續費總金額	$721,465	交易稅總金額	
淨收金額	$3,652,375	淨付金額	
當沖賺賠	$104,195	總淨收付金額	

2007年12月

獲利 468, 518元

當沖損益＝(手續費83%退佣)＋(當沖賺賠)

733, 180元×0. 83－140, 021元＝468, 518元

兆豐證券

96/12/12	$22,494,000	$32,047	$33,748	$15,700,225	$16,868,600	$60,795
96/12/13	$38,986,700	$55,532	$58,589	$27,229,301	$29,248,400	$40,421
96/12/14	$13,727,500	$19,556	$20,656	$9,594,036	$10,300,200	$-3,688
96/12/17	$39,549,900	$56,340	$59,524	$27,645,110	$29,676,700	$-21,036
96/12/18	$41,492,200	$59,113	$62,501	$29,006,021	$31,145,300	$-55,186
96/12/19	$36,694,000	$52,284	$54,960	$25,590,935	$27,510,000	$161,244
96/12/20	$20,810,000	$29,647	$31,296	$14,875,839	$15,276,800	$6,943
96/12/21	$33,973,350	$48,398	$51,105	$23,904,977	$25,489,000	$1,153
96/12/24	$33,995,000	$48,430	$51,159	$23,758,547	$25,508,700	$-11,411
96/12/25	$28,059,500	$39,971	$42,213	$19,608,245	$21,053,500	$-1,316
96/12/26	$15,948,650	$22,718	$23,968	$11,142,303	$11,961,700	$16,236
96/12/27	$32,331,200	$46,053	$48,660	$22,602,430	$24,255,600	$-15,087
96/12/28	$41,072,000	$58,510	$61,925	$29,222,667	$30,833,300	$-91,565
96/12/31	$17,750,600	$25,280	$26,692	$12,405,234	$13,314,000	$7,172

成交總金額	$514,688,500		
手續費總金額	$733,180	交易稅總金額	
淨收金額	$1,603,381	淨付金額	
當沖賺賠	$-140,021	總淨收付金額	

2008年01月

獲利 795,006元

當沖損益＝(手續費83%退佣)＋(當沖賺賠)

1,182,466元×0.83－186,440元＝795,006元

兆豐證券

97/01/14	$47,535,900	$67,732	$71,421	$33,197,557	$35,659,600	$60,453
97/01/15	$46,808,000	$66,692	$70,320	$32,688,280	$35,112,000	$65,012
97/01/16	$47,821,200	$68,124	$72,099	$33,456,856	$35,887,700	$-104,577
97/01/17	$39,426,500	$56,170	$59,306	$27,549,028	$29,583,400	$1,976
97/01/18	$30,606,200	$43,596	$46,049	$21,802,288	$22,553,200	$-7,755
97/01/21	$29,763,850	$42,401	$44,436	$21,326,310	$21,703,400	$225,787
97/01/22	$45,279,700	$64,511	$68,134	$31,643,208	$33,976,600	$-11,055
97/01/23	$47,167,400	$67,197	$70,906	$32,948,825	$35,386,400	$34,103
97/01/24	$27,343,000	$38,956	$41,184	$19,113,260	$20,524,200	$-32,860
97/01/25	$40,291,250	$57,403	$60,643	$28,328,806	$30,066,400	$-20,204
97/01/28	$39,799,200	$56,686	$59,808	$28,558,998	$29,855,700	$36,494
97/01/29	$43,669,150	$62,206	$65,701	$31,000,255	$32,429,200	$-4,743
97/01/30	$42,920,850	$61,147	$64,306	$30,187,003	$32,061,900	$174,603
97/01/31	$47,198,600	$67,245	$71,067	$32,990,784	$35,424,400	$-43,288

成交總金額	$830,001,550		
手續費總金額	$1,182,466	交易稅總金額	
淨收金額	$0	淨付金額	
當沖賺賠	$-186,440	總淨收付金額	

2008年02月

獲利 120, 197元

當沖損益＝（手續費83%退佣）＋（當沖賺賠）

540, 022元×0. 83－328, 021元＝120, 197元

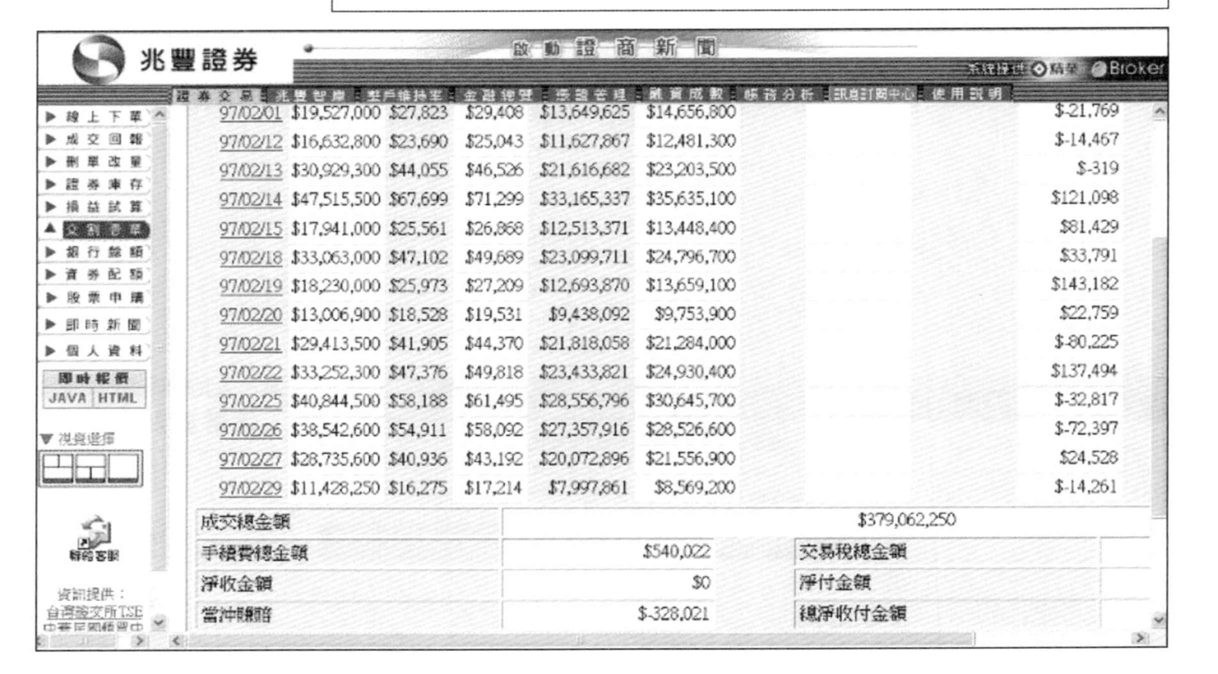

97/02/01	$19,527,000	$27,823	$29,408	$13,649,625	$14,656,800	$-21,769
97/02/12	$16,632,800	$23,690	$25,043	$11,627,867	$12,481,300	$-14,467
97/02/13	$30,929,300	$44,055	$46,526	$21,616,682	$23,203,500	$-319
97/02/14	$47,515,500	$67,699	$71,299	$33,165,337	$35,635,100	$121,098
97/02/15	$17,941,000	$25,561	$26,868	$12,513,371	$13,448,400	$81,429
97/02/18	$33,063,000	$47,102	$49,689	$23,099,711	$24,796,700	$33,791
97/02/19	$18,230,000	$25,973	$27,209	$12,693,870	$13,659,100	$143,182
97/02/20	$13,006,900	$18,528	$19,531	$9,438,092	$9,753,900	$22,759
97/02/21	$29,413,500	$41,905	$44,370	$21,818,058	$21,284,000	$-80,225
97/02/22	$33,252,300	$47,376	$49,818	$23,433,821	$24,930,400	$137,494
97/02/25	$40,844,500	$58,188	$61,495	$28,556,796	$30,645,700	$-32,817
97/02/26	$38,542,600	$54,911	$58,092	$27,357,916	$28,526,600	$-72,397
97/02/27	$28,735,600	$40,936	$43,192	$20,072,896	$21,556,900	$24,528
97/02/29	$11,428,250	$16,275	$17,214	$7,997,861	$8,569,200	$-14,261

成交總金額	$379,062,250		
手續費總金額	$540,022	交易稅總金額	
淨收金額	$0	淨付金額	
當沖賺賠	$-328,021	總淨收付金額	

2008年03月

獲利 297,829元

當沖損益＝(手續費83%退佣)＋(當沖賺賠)

708,383元×0.83－290,128元＝297,829元

兆豐證券

日期	成交金額	手續費		賣出	買進	當沖賺賠
97/03/12	$28,455,950	$40,525	$42,888	$19,909,695	$21,349,400	$-52,637
97/03/13	$7,920,000	$11,282	$11,970	$5,544,348	$5,949,000	$-36,748
97/03/14	$12,020,000	$17,120	$18,066	$8,539,355	$9,009,800	$11,186
97/03/17	$19,845,150	$28,272	$29,831	$14,172,152	$14,887,900	$15,353
97/03/18	$9,509,700	$13,545	$14,323	$6,647,578	$7,138,300	$-11,832
97/03/19	$4,150,500	$5,913	$6,241	$2,900,295	$3,113,500	$1,654
97/03/20	$39,639,000	$56,471	$59,595	$27,694,103	$29,736,100	$24,066
97/03/21	$12,834,000	$18,282	$19,314	$8,972,517	$9,627,200	$-4,404
97/03/24	$48,100,400	$68,528	$72,359	$33,614,677	$36,087,100	$1,287
97/03/25	$45,004,100	$64,112	$67,465	$31,398,599	$33,746,900	$156,477
97/03/26	$26,455,000	$37,687	$39,813	$18,491,280	$19,848,900	$-9,500
97/03/27	$31,189,000	$44,429	$47,010	$21,813,668	$23,410,800	$-62,561
97/03/28	$13,240,900	$18,863	$19,921	$9,251,520	$9,937,000	$-2,116
97/03/31	$34,603,000	$49,301	$52,018	$24,173,277	$25,958,600	$25,319

成交總金額	$497,269,320		
手續費總金額	$708,383	交易稅總金額	
淨收金額	$0	淨付金額	
當沖賺賠	$-290,128	總淨收付金額	

2008年04月

獲利 263,087元

當沖損益＝(手續費83%退佣)＋(當沖賺賠)

528,081元×0.83－175,220元＝263,087元

兆豐證券　啟動證商新聞

證券交易　兆豐智庫　客戶維持率　金融總覽　帳號管理　融資成數　帳務分析　訊息訂閱中心　使用說明

線上下單　成交回報　刪單改量　證券庫存　損益試算　交易憑單　銀行餘額　資券配額　股票申購　即時新聞　個人資料

即時報價 JAVA HTML

視窗選擇

視訊客服

資訊提供：台灣證交所TSE

97/04/01	$2,028,100	$2,885	$3,053	$1,419,783	$1,519,200		$814	$-948
97/04/02	$17,516,450	$24,942	$26,335	$12,247,609	$13,131,300			$9,727
97/04/03	$17,080,000	$24,318	$24,157	$11,939,653	$12,808,500			$8,275
97/04/10	$909,500	$1,295	$1,368	$635,483	$682,400			$163
97/04/11	$31,921,450	$45,472	$48,001	$22,928,653	$23,323,000			$13,023
97/04/14	$28,377,050	$40,419	$42,645	$19,838,151	$21,269,500			$30,114
97/04/15	$32,173,550	$45,831	$48,333	$23,063,263	$23,539,300			$45,114
97/04/17	$46,760,700	$66,606	$70,322	$32,680,987	$35,073,400			$14,828
97/04/18	$41,998,100	$59,825	$63,122	$29,338,000	$31,503,900			$39,247
97/04/21	$51,203,100	$72,943	$76,987	$36,016,556	$38,171,400			$24,630
97/04/22	$15,349,600	$21,847	$23,096	$10,735,545	$11,513,500			$-10,657
97/04/23	$41,601,200	$59,266	$62,573	$29,066,916	$31,214,300			$7,039
97/04/29	$28,454,000	$40,536	$42,819	$20,384,847	$20,852,300			$-9,645
97/04/30	$15,373,500	$21,896	$23,119	$10,744,404	$11,531,700			$4,315

成交總金額	$370,746,300		
手續費總金額	$528,081	交易稅總金額	
淨收金額	$0	淨付金額	
當沖賺賠	$-175,220	總淨收付金額	

2008年05月

獲利 328, 584元

當沖損益＝（手續費83%退佣）＋（當沖賺賠）

630, 167元×0. 83－194, 454元＝328, 584元

兆豐證券

97/05/14	$24,822,650	$35,354	$37,099	$17,930,735	$17,753,600	$161,003
97/05/15	$22,401,500	$31,905	$33,624	$15,648,907	$16,790,200	$51,029
97/05/16	$11,604,500	$16,527	$17,455	$8,110,757	$8,704,700	$1,482
97/05/19	$21,022,500	$29,950	$31,493	$14,751,052	$15,673,300	$87,943
97/05/20	$25,776,700	$36,717	$38,791	$18,024,486	$19,332,600	$-8,992
97/05/21	$10,322,900	$14,701	$15,558	$7,661,954	$7,305,600	$-19,241
97/05/22	$16,684,000	$23,757	$25,129	$12,461,938	$11,724,300	$-20,814
97/05/23	$8,687,000	$12,375	$13,099	$6,077,680	$6,519,900	$-20,526
97/05/26	$27,881,400	$39,715	$41,940	$19,481,548	$20,921,000	$1,255
97/05/27	$9,068,000	$12,918	$13,593	$6,326,952	$6,798,900	$32,511
97/05/28	$28,888,000	$41,154	$43,333	$20,162,089	$21,662,100	$83,487
97/05/29	$4,456,100	$6,347	$6,689	$3,118,235	$3,335,000	$9,336
97/05/30	$17,268,650	$24,588	$25,851	$12,047,527	$12,940,400	$33,389

成交總金額	$442,423,790		
手續費總金額	$630,167	交易稅總金額	
淨收金額	$2,167,309	淨付金額	
當沖賺賠	$-194,454	總淨收付金額	

2008年06月

獲利 272, 060元

當沖損益＝(手續費83%退佣)＋(當沖賺賠)

632, 193元×0. 83－252, 660元＝272, 060元

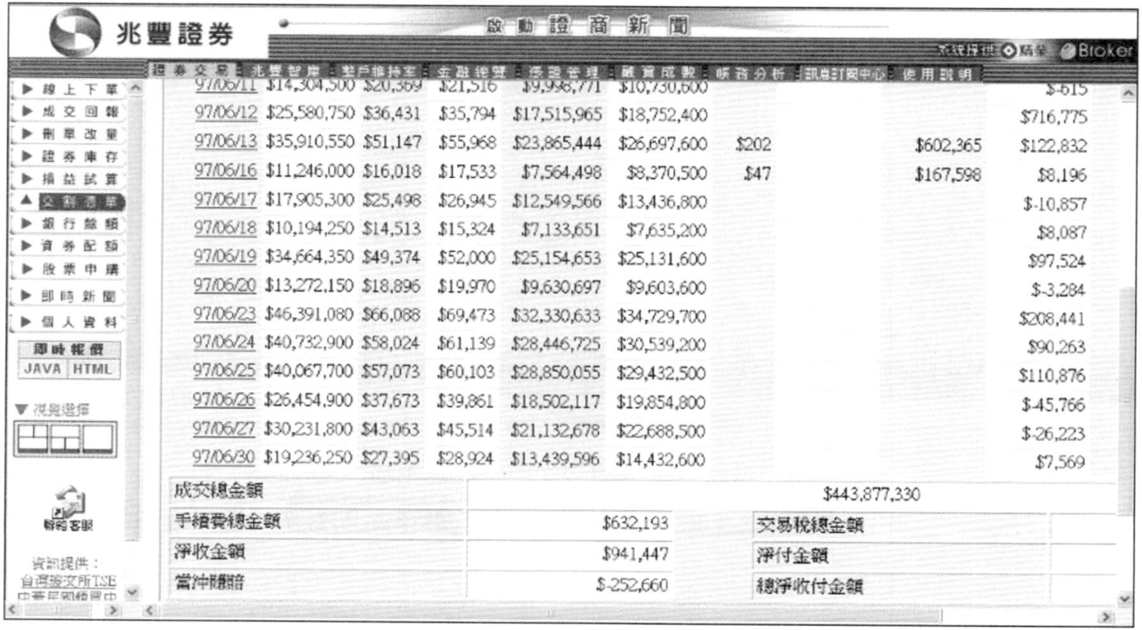

兆豐證券　啟動證商新聞

證券交易　兆豐智庫　客戶維持率　金融總覽　保證管理　融資成數　帳務分析　訊息訂閱中心　使用說明

▶線上下單　▶成交回報　▶刪單改量　▶證券庫存　▶損益試算　▲交割清單　▶銀行餘額　▶資券配額　▶股票申購　▶即時新聞　▶個人資料

即時報價　JAVA　HTML

▼視覺選擇

97/06/11	$14,304,500	$20,369	$21,516	$9,998,771	$10,730,600			$-615
97/06/12	$25,580,750	$36,431	$35,794	$17,515,965	$18,752,400			$716,775
97/06/13	$35,910,550	$51,147	$55,968	$23,865,444	$26,697,600	$202	$602,365	$122,832
97/06/16	$11,246,000	$16,018	$17,533	$7,564,498	$8,370,500	$47	$167,598	$8,196
97/06/17	$17,905,300	$25,498	$26,945	$12,549,566	$13,436,800			$-10,857
97/06/18	$10,194,250	$14,513	$15,324	$7,133,651	$7,635,200			$8,087
97/06/19	$34,664,350	$49,374	$52,000	$25,154,653	$25,131,600			$97,524
97/06/20	$13,272,150	$18,896	$19,970	$9,630,697	$9,603,600			$-3,284
97/06/23	$46,391,080	$66,088	$69,473	$32,330,633	$34,729,700			$208,441
97/06/24	$40,732,900	$58,024	$61,139	$28,446,725	$30,539,200			$90,263
97/06/25	$40,067,700	$57,073	$60,103	$28,850,055	$29,432,500			$110,876
97/06/26	$26,454,900	$37,673	$39,861	$18,502,117	$19,854,800			$-45,766
97/06/27	$30,231,800	$43,063	$45,514	$21,132,678	$22,688,500			$-26,223
97/06/30	$19,236,250	$27,395	$28,924	$13,439,596	$14,432,600			$7,569

成交總金額	$443,877,330		
手續費總金額	$632,193	交易稅總金額	
淨收金額	$941,447	淨付金額	
當沖賺賠	$-252,660	總淨收付金額	

聯絡客服

資訊提供：台灣證交所TSE

2008年07月

獲利 231,979元

當沖損益＝（手續費83%退佣）＋（當沖賺賠）

520,184元×0.83－199,773元＝231,979元

兆豐證券　啟動證商新聞

證券交易　兆豐智庫　客戶維持率　金融總覽　憑證管理　買賣成數　帳務分析　訊息訂閱中心　使用說明

線上下單　成交回報　刪單改單　證券庫存　損益試算　交割憑單　銀行餘額　資券配額　股票申購　即時新聞　個人資料　即時報價　JAVA　HTML　視窗選擇　聯絡客服　資訊提供：台灣證交所TSE

97/07/11	$20,156,680	$28,692	$30,333	$14,101,945	$15,111,700			$-9,335
97/07/14	$13,523,850	$19,252	$20,302	$9,960,909	$10,019,600			$27,104
97/07/15	$21,846,400	$31,104	$32,840	$15,355,978	$16,390,900			$8,544
97/07/16	$15,133,900	$21,546	$22,797	$10,761,282	$11,181,100			$-24,557
97/07/17	$40,362,500	$57,488	$60,257	$28,132,624	$30,218,800			$166,845
97/07/18	$32,302,000	$46,009	$48,931	$22,405,905	$24,186,300	$27	$99,903	$15,870
97/07/21	$23,776,700	$33,861	$35,769	$16,631,945	$17,823,300			$-670
97/07/22	$7,210,630	$10,270	$10,399	$4,831,315	$5,182,400			$297,399
97/07/23	$28,530,550	$40,644	$42,822	$19,919,391	$21,395,300			$64,816
97/07/24	$19,583,750	$27,892	$28,962	$13,526,511	$14,549,900			$317,124
97/07/25	$12,126,440	$17,274	$18,336	$8,381,970	$8,997,400		$116,425	$52,595
97/07/29	$17,834,920	$25,416	$26,641	$12,251,994	$13,158,300		$87,253	$210,030
97/07/30	$37,800	$53	$113				$37,634	
97/07/31	$3,924,990	$5,588	$5,945	$2,729,864	$2,914,900		$29,344	$887

成交總金額	$365,292,370		
手續費總金額	$520,184	交易稅總金額	
淨收金額	$370,559	淨付金額	
當沖賺賠	$-199,773	總淨收付金額	

2008年08月

獲利 314, 206元

當沖損益＝（手續費83%退佣）＋（當沖賺賠）

234, 836元×0. 83＋119, 293元＝314, 206元

兆豐證券

97/08/12	$15,318,180	$21,810	$16,186	$7,589,107	$11,957,000	$109	$3,733,650	$69,567
97/08/13	$8,472,850	$12,054	$12,787	$5,963,992	$6,326,300			$-27,309
97/08/14	$6,886,550	$9,792	$10,502	$4,742,533	$5,084,200		$104,536	$3,380
97/08/15	$2,325,200	$3,308	$3,499	$2,320,040	$1,049,900			$-993
97/08/18	$4,013,250	$5,714	$5,845	$2,716,131	$2,916,200			$125,309
97/08/19	$8,463,250	$12,042	$12,754	$5,891,398	$6,313,500		$35,045	$18,591
97/08/20	$9,515,410	$13,543	$14,313	$6,651,306	$7,140,600			$-4,554
97/08/22	$8,319,050	$11,840	$12,511	$5,819,601	$6,235,700			$401
97/08/25	$1,164,000	$1,656	$1,750	$813,420	$873,900			$-594
97/08/26	$3,509,200	$4,995	$5,265	$2,450,438	$2,631,300			$8,060
97/08/27	$21,716,900	$30,922	$32,654	$15,179,745	$16,286,800			$8,476
97/08/28	$2,271,400	$3,232	$3,422	$1,592,353	$1,701,000			$-3,946
97/08/29	$3,423,350	$4,870	$5,156	$2,397,746	$2,564,900			$-4,124

成交總金額	$164,991,380		
手續費總金額	$234,836	交易稅總金額	
淨收金額	$4,596,769	淨付金額	
當沖賺賠	$119,293	總淨收付金額	

2008年09月

獲利 347,095元

當沖損益＝（手續費83%退佣）＋（當沖賺賠）

545,789元×0.83－105,909元＝347,095元

兆豐證券

證券交易 | 兆豐智庫 | 客戶維持率 | 金融總覽 | 憑證管理 | 融資成數 | 帳務分析 | 訊息訂閱中心 | 使用說明

97/09/09	$15,704,340	$22,363	$23,960	$10,830,422	$11,615,500			$216,581	$-8,636
97/09/10	$18,888,400	$26,901	$28,471	$13,214,409	$14,177,600				$-44,128
97/09/11	$6,951,310	$9,895	$10,474	$4,965,864	$5,112,400				$-11,321
97/09/12	$15,142,250	$21,561	$22,726	$10,562,684	$11,321,500				$32,437
97/09/15	$14,421,000	$20,542	$21,723	$10,081,964	$10,823,900				$-18,735
97/09/16	$48,664,800	$69,322	$73,010	$33,971,120	$36,491,100				$130,132
97/09/17	$18,288,090	$26,061	$27,552	$12,794,450	$13,721,500				$-31,117
97/09/18	$27,641,570	$39,365	$41,626	$19,325,185	$20,745,500				$-32,539
97/09/19	$36,056,730	$51,369	$54,289	$25,213,658	$27,050,900				$-32,332
97/09/22	$25,378,350	$36,148	$38,203	$17,745,005	$19,038,100				$-16,299
97/09/23	$7,007,600	$9,973	$12,038	$5,369,044	$5,288,800		$803		$906,269
97/09/24	$10,777,720	$15,338	$14,649	$7,295,616	$7,706,300	$24		$848,381	$-12,291
97/09/25	$6,243,800	$8,891	$9,375	$5,320,974	$3,721,500				$12,066
97/09/26	$2,534,150	$3,608	$3,820	$1,772,516	$1,902,800				$-6,422

成交總金額	$383,218,250		
手續費總金額	$545,789	交易稅總金額	
淨收金額	$1,064,962	淨付金額	
當沖賺賠	$-105,909	總淨收付金額	

線上下單 / 成交回報 / 刪單改量 / 證券庫存 / 損益試算 / 交割憑單 / 銀行餘額 / 資券配額 / 股票申購 / 即時新聞 / 個人資料

即時報價 JAVA HTML

視窗選擇

聯絡客服

資訊提供：台灣證交所TSE

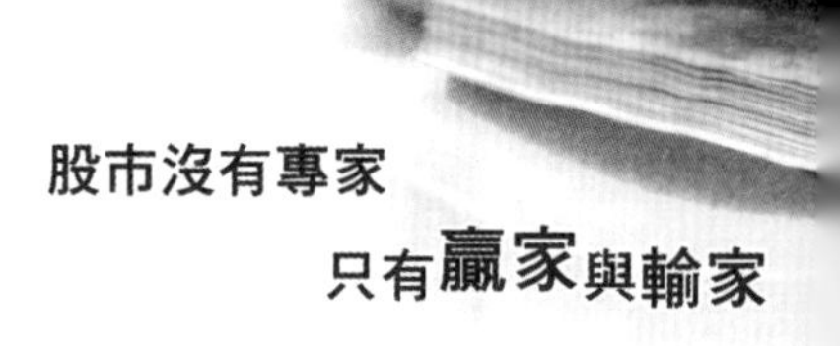

股市沒有專家

只有**贏家**與輸家

最後一頁隨書附贈的聚財點數100點如何使用？

聚財網是台灣知名財經網站，每天都有數十萬人次在聚財網上查資料及討論，
聚財網上有許多精彩的文章及功能需要使用聚財點數才能閱讀或使用，
購買本書的讀者，千萬不要浪費隨書附贈的聚財點數！

如果您非聚財網的會員，可以利用隨書附贈的聚財點數註冊成為會員，並開啟聚財點數100點！

如果您已是聚財網會員，可以利用隨書附贈的聚財點數開啟聚財點數120點！

您還等什麼！現在就翻開最後一頁，並上聚財網開啟聚財點數吧！

若有任何問題，歡迎於台北上班時間與我們聯絡，電話：02-82287755
或利用意見服務信箱，我們收到後，會以最快的速度協助解決，非常感謝您！

國家圖書館出版品預行編目資料

股市提款機：唯一敢公開當沖交割單的天才操盤手 / 陳信宏著. -- 修訂初版.-- 新北市：聚財資訊, 2013.01
面； 公分. --（聚財網叢書；A083)
ISBN 978-986-6366-53-6（平裝）

1.股票投資 2.投資技術

563.53 101023959

聚財網叢書 A083

股市提款機：唯一敢公開當沖交割單的天才操盤手

作　　者　陳信宏
總 編 輯　莊鳳玉
編　　校　高怡卿・黃筱瑋
設　　計　陳媚鈴

出 版 者　聚財資訊股份有限公司
地　　址　23557 新北市中和區板南路653號18樓
電　　話　(02) 8228-7755
傳　　真　(02) 8228-7757

軟體提供　兆豐證券旺得福

法律顧問　萬業法律事務所　湯明亮 律師

總 經 銷　聯合發行股份有限公司
地　　址　231 新北市新店區寶橋路235巷6弄6號2樓
電　　話　(02) 2917-8022
傳　　真　(02) 2915-6275
訂書專線　(02) 2917-8022

I S B N　978-986-6366-53-6
版　　次　2013年1月初版
定　　價　330 元